〔前言〕雲淡風輕

楊士慕

海岸，一望無際，臨近只想遠眺遙望，不再想煩心追問水深何底。風清，涼爽宜人，吹來只覺身怡心輕，誰還管天晚夕晴。潮沙，鬆軟細柔，走起來舒服入心，何用再去分別雲天水色。

訪問淨海法師時，真感到人如其名，好像不經意閒晃到瀾靜無波的海邊，天清氣爽，雲淡風輕，只想坐下來息心休憩。一切言語都嫌累贅，一切問題都顯多餘。「到底是修行？還是個性？」是訪談中，心裡面常掛著的疑問，只要逮到機會就想發問。但是，幾天聽下來，卻發現得到什麼回答也不是很重要了。

在法師身上，許多問題很自然變得完全不重要，反而似乎提出來是多此一舉。就好像來到安靜的海邊，何苦還去費心地深究海岸、清風、潮沙，為何如此怡人？過多的頭腦、分析、推論，在面對自然無為的安靜汪洋時，不但如入海算沙的庸人自擾，而且更是焚琴煮鶴的大煞風景。

心理學總想在生命發展過程中，找到什麼缺口或傷疤，認為可能因此會阻礙

日後成長。佛法中老是提到三毒汙染，認為它們會障礙修行進步。這話說的當然沒錯，很有道理，對很多人也很管用。只是在訪談中不但找不到答案，反而覺得連問這些支支節節的問題都有點不合時宜。

因為法師就是這個自自然然的樣子。外多一分挫折，少一分成就，摻點理論，加些褒貶，都和大自然的本色一點關係也沒有。想再多添加些什麼顏色，純粹都是對自然的不敬。

從很早以前開始，心中就總覺得老一輩的出家眾，和當代年輕有為的出家眾比起來，有些說不出來的不同，好像在眼界與胸懷有些不一樣，但是很難用語言清楚表達出來。

後來才依稀了解，很多事情的確需要大時代和長時間的慢慢磨鍊。就像海岸細沙，得要經過經年累月潮汐波濤的日夜洗禮，再多的稜角崢嶸，再光芒的鋒厲尖銳，也在一次次的苦難風霜中磨成「不扎人」的輕柔細沙。

「不扎人」的修行工夫，聽起來似乎不是很動人，看起來好像也稀鬆平常，根本沒有什麼了不起。但是，只是細細體會卻讓人感到很舒服，像走入森林，來到海邊，赤足踩踏細沙。

很多時候遇見很厲害、很有才氣、有學問、有見地、有魅力的修行者，冷不防就會有股強烈「扎人」的感受：好像必須要告訴你什麼，想要改變些什麼，做些什麼功課。或是必須要誇耀什麼，他懂了些什麼，傳達些其個人的深刻經驗，或是灌輸些什麼訊息給你。

和淨海法師聊天，只是感到舒服，舒服到想在旁邊休息，其他什麼事也不需要再去做。

淨海法師笑得最開心，也有幾分同意他出家的同道曾說過的一句話：「淨海直到現在這把年紀，還是這麼老實！」老實到不需造作、不用點綴、更不用誇耀，乃至連提出什麼問題或答案都顯得多餘。

淨海法師的磨難和挫折真的很多很多。而他回顧過去滄桑時所用的語調卻很平淡輕鬆：「不如意，過去了，就算了。吃虧，就算了。」絲毫看不到太多錐心刺骨的傷痕。

遇到很害怕的未知和可能影響一生的決斷，淨海法師卻很簡單地說他內心的決定過程：「先走了，再說。該堅持就堅持，一旦放棄，就放棄一切，也不能回頭。」然而，當能夠安安穩穩地建寺，做佛事，安居故土，平順度日時他卻說：

「不要怕難。一個太愛護自己的人，很容易變得嬌養柔弱，什麼事都不想進取去做。」

屢受病苦和死神擦肩而過的他，卻舉重若輕地說：「病，免不了；不接受也要接受，乾脆就不管它。」

更讓人覺得不容易的是：一般人往往吃苦容易，吃虧難些，吃癟更難。由於淨海法師老實平淡，不與人爭，又不善誇耀的個性，有時會被後輩或信眾瞧不起，甚至或許晾在一邊不被理睬的尷尬景象。他還是雲淡風輕地說：「有些事不能太在乎，在乎則問題多。」

心理學理論中的傷痛或裂痕，好像在淨海法師的心裡找不到蹤跡。他對生老病死似乎已經看淡，也只是泰然地說「看淡，挨過，接受」，對於毀譽臧否也同樣笑著說：「自己不完美，何必要求別人完美。」

對於清淨的大海而言，高調的張揚浮誇，任何豐功偉業，什麼名聞利養，古今浪淘風雨，都還是會「扎人」的利崖石礁。老實平淡的潮來潮往，隨緣任事，天地好像就會還給自然一個公道。

＊ ＊ ＊

淨海法師在日常生活中，非常地平淡和閑靜，沒有給人仰之彌高的偉大，但他具「淡中有味」、「不扎人」、「守柔處下」的特質，平凡到不易看到，卻耐久，可細品，值得慢慢回味。

法師的老實雖難，但似乎也很貼近平常你我一般的實在。一樣遭遇困難，受過人的欺負或羞辱，也有彷徨和挫折，也像你我一樣不完美。但是，法師的老實平淡，卻又有點不同，有些說不出來的不一樣。

老實之所以不容易被看到，或是一開始不能馬上被人認同肯定，因為老實雖似簡單，卻必須同時兼備「隨」與「不隨」的兩部分。前者易見（卻需要有內心不變的原則和堅持）；後者難得（也要歷經生命和時間的考驗）。

這很像《孟子．滕文公下》所說：「居天下之廣居，立天下之正位，行天下之大道。得志，與民由之，不得志，獨行其道。富貴不能淫，貧賤不能移，威武不能屈。此之謂大丈夫。」也就是說，老實之所以難能可貴，真正要能使用出來成為立身處事的力量，絕對不只是在表面上保持「對人很好，不太管事」而已，而是必須要通過困頓和安逸，榮辱和毀譽，生命威脅或安穩利誘，得與不得的層層嚴格考驗。

老實中的「隨」（隨和、隨眾、隨緣、隨順），比較類似處事待人的時候形之於外的表現，比較容易被人看見。法師「望之『淡』然，及之更溫」，相信任何人只要和法師稍有一段時間接觸，很快就可以感受到法師隨和不爭的人格特質。這樣如水似風的柔順特質，總會讓人有種舒服親切的感覺。

但是，「隨」的不爭處下特質，一不小心也可能被誤解成沒有據理力爭、仗義執言、擇善固執的勇氣，或是消極的漠然、迴避或膽怯。「隨順」也可能被誤解成善惡不分，沒有立場的「隨便」。「隨眾」也可能被看成是籠統含混，模稜兩可的「隨意」。只有「隨」而沒有「不隨」的擔當和堅持，很容易成為跟著世俗環境的隨波逐流，人云亦云的隨風轉舵，或是積非成是的隨俗方便。

法師老實中「不隨」（堅忍、韌性、持恆、包容）的部分，則比較屬於面對各種不同因緣條件的內心反應，相對就不容易看到，通常要歷經很長的時間，很多生命的失敗挫折、很多富貴聲名的誘惑、很多人事的考驗，才可能慢慢體會得到「淡中有味」的個中冷暖。內心的部分，法師說得不多，外面的人也少看到。

「隨緣不變，不變隨緣」本是佛法檢視人格特質很重要的標準，很類似常說「有所為，有所不為」。惟有在生命經歷愁苦中不喪志，挫折中不灰心，人事中不

記恨，舒適中不戀棧，老病中不埋怨，「老實」才會在時光和因緣不斷改變當中，日久見人心地自然流露出來。

認識一個人表象容易，了解一個人深處甚難。有的人才智犀利、光芒畢露；也有人大智若愚，如投石於萬谷深淵，久不聞回音。相對來說，才華易見，老實難持。

困頓中茹苦硬撐雖然難熬，舒適中突破上進更是不易。位低權少之時，強忍委屈容易；位高尊老之時，面對後輩晚生的藐視和羞辱，卻能無動於衷很難。年輕力壯的吃苦耐勞容易；年老安和無愧面對老病較難。失敗中再站起來不易；成功中再放下一切更難。

法師隨緣盡分逆來順受的九十年華，呈現出極有韌性又深刻的生命力，談起來卻似稀鬆平常，沒什麼了不起。而當被問及，這一生最難忘的事，法師沉吟片刻說道：「我這一生中沒有過不去的事！」就這樣一語簡單帶過。訪談之中，再難再苦的時候，也說忍耐接受；再靦腆之事，也光明磊落據實以告。常常說到極處，也跟著大家拍掌大笑，赤子之心自然流露。不管發生了什麼事情，處在高低安危，生死榮辱，還是保持始終如一的老實。

世間的人格特質本是橫看成嶺側成峰，不是人人完全認同滿意。淨海法師的「老實」也許並不代表完美，「處下」不一定可以放諸四海皆準，「不爭」也不見得是處世待人的絕對真理；但法師曲折生平和別於僧德緇素的平淡老實風格，的確可以提供面對人生的另一種參考角度。

傳記主要是以法師從小到大發生過的生平和事蹟來當主軸，佐以法師簡單的自述和訪談，希望能藉此帶給當代青年人面對生命的參考和啟發。傳記採用平鋪直敘的方式，主要記錄法師由挫折和失敗中，不斷站起來再度出發的心路歷程，偶有配合文獻史料和法師當時出自內心的想法。並沒有誇耀或說教的文藻，沒有引人入勝的曲折故事情節，也沒有記錄時間久遠早已遺忘（或遺失）的當時人物對話。這樣的編寫方式，可能比較符合法師的性格和作風。

目錄

貳、時代考驗
——赴臺親近慈航法師時期（一九四九——一九六〇）

伍、退而不休

——老年退休時期（二〇一一—二〇二〇）

附錄

壹

成長歲月

——幼小少青年時期

（一九三一—一九四八）

一九三〇年代的中國，備受內戰及日本侵略的困擾。國家面臨內憂外患，到處瀰漫著失業恐慌的陰霾。一九三一年七月至十一月，發生了長江水災（又稱一九三一年江淮大水），當年中國的幾條主要河流如長江、珠江、黃河、淮河等都發生非常巨大的洪水。受災範圍南到珠江流域，北至長城關外，東起江蘇北部，西至四川盆地，全國二十多個省份八千萬人受災，長江中下游堤防多處潰決，淹沒農田五千多萬畝，而飢荒加上傷寒、痢疾等疫病蔓延，死亡人數估計在四十萬至四百萬之間。其中，長江流域泄洪區的死亡人數達十四萬五千人，受災人口達二千八百五十萬人。此次大洪災被認為是二十世紀中國最具毀滅性、導致最多人死亡的自然災害。

一、船上出生

長江沿岸的里下河平原低窪地區，因為洪災，成一片汪洋，淹沒房舍與耕地，泰縣俞垛鄉茅家村的居民也流離失所。就在這樣一個國無寧日，天災人禍交煎的時代，一九三一年夏秋之際，在一艘逃難的木板船中，袁家的第三個男孩誕生了，

乳名「三小」（即後來出家的淨海法師）。由於家中已有兩個男孩，所以懷第三胎時，母親很希望能生下一個女兒。當老三在船上出生時，母親就對父親說：「又是一個男的。」感覺有些失望。

二、兒時的記憶

三小的故鄉，江蘇省中部的泰縣（現為泰州市），地處長江下游北岸，歷史上就是蘇中的政治、經濟、交通和文化中心。這裡江海交會，氣勢磅礡，唐代詩人王維為之驚歎：「浮於淮泗，浩然天波，海潮噴於乾坤，江城入於泱

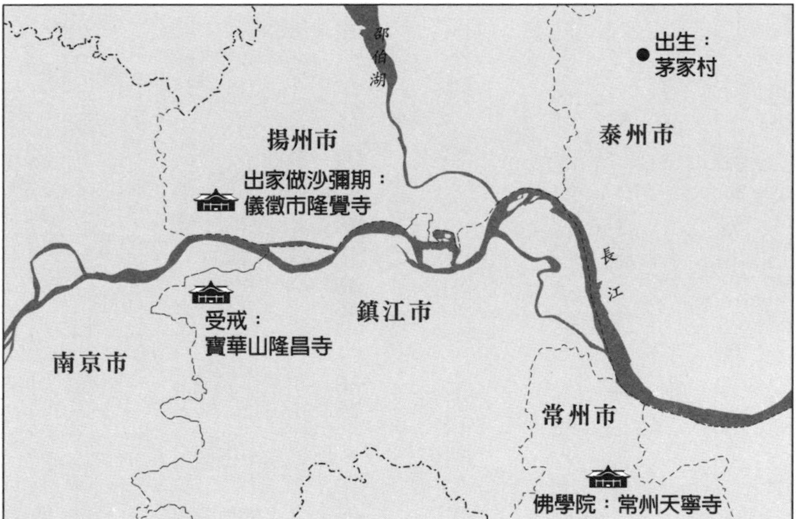

淨海法師的故鄉

漭。」泰縣，簡稱「泰」，取「國泰民安」之意。泰縣屬於里下河平原低窪地區，過去一向以水運為主，河網密布，許多地方甚至「無舟不行」，陸路難達。平時里下河地區如不發生水災，國家又在太平時期，可稱為富饒的魚米之鄉。

不幸，一九三一年九月十八日，日軍發動「九一八事變」，在一百天內占領整個中國東北地區。一九三七年「七七事變」爆發，不久華北淪陷，中日全面開戰，淞滬會戰和南京保衛戰國民政府大軍完全戰敗，上海和南京失守。一九四〇年，汪精衛偽政權所統領的南京和平建國軍第二方面軍在蘇中和蘇北範圍內活動。在里下河鄉下，不時還有地下國民黨軍隊和共產黨軍隊出現，當地又有地痞流氓打攪，地方官員苛捐雜稅，強徵暴搶，名目繁多，人民不得安寧，一貧如洗，生活處在半飢餓狀態。

三小幼年時代，外有日本強敵侵略，內有軍閥割據後的殘餘勢力，地方上有土匪及地痞欺壓，加上不時還遭遇無法抗拒的天災。當時，中國人民普遍是貧窮的，特別是廣大的農村。三小出生在貧困的家庭，過著苦難的日子，吃不飽，穿不好，好像是很自然的事。在三小幼小的心靈中，因為未曾過過好日子，所以面對惡劣的環境，也並不感覺特別辛苦，只是隨順環境變化適應。這樣的磨鍊，也培育出三小

日後能吃苦耐勞的精神。

三小的家鄉茅家村，約有七、八十戶人家，在村前東南角高墩上有一座小型寺院，稱為復興庵，這是三小出家的叔叔——灼然法師的祖庭之一。三小出家後，未曾在這座庵中住過，但後來在文化大革命時被拆除了。三小的家不在村子裡，村前中央南邊有條小河流，沿河流東、西兩岸，各坐落著五、六戶農舍草屋，三小的家是在東邊最前面的一家。

三小的父親名叫袁世鑑，母親娘家姓張，稱為袁張氏。父母務農，家中沒有田地，是向田主租種的，租有旱田和水田，旱田種麥，並劃出一小塊地搭建草舍住家，左側就是所租種的農田和菜圃；另有水田種稻，是在離家約距離二、三華里的一處田野，需要撐船去耕種。因為水田是不能缺水的，所以要用水車由人工取水灌溉田地，車水時兩手扶在車槓上，兩腳踩踏拐木，讓刮板沿水槽快速上轉，把池塘或河道的水提昇至農田裡灌溉，非常辛苦。三小在八、九歲時，也曾學過踩水車，有時候大人拿小孩子開心，車拐踏得非常快速，小孩子就只好全身吊在槓子上，待車拐慢下來時，才再用腳踩踏。農作物收成後，需要向田主繳納田租（可用稻麥，也可用現款）；如遇到荒年歉收時，食物非常缺乏，生活就更艱苦了。

到了農閒時，因母親針線很好，常出外幫村裡人家做衣服等。在里下河的農家，很多人家都有一條可乘坐兩、三人的小木船；或再稍大一點的船，中央上面有搭棚，下面有船艙，裡面可以住人或裝放貨物。所以父親在農閒時，也做些小生意，撐著船，沿途收集農村散戶人家的雞蛋，集到三、四籮筐時，就送到大城鎮的蛋行去販賣；有時也收集糞肥，送到需要的農戶，都是為了賺取微少的利潤，補貼家用。三小的兩個哥哥，在家幫父母做些農作。但不管他們多麼努力地辛苦工作，家裡仍然窮困，每餐都吃不飽。到冬天農閒時，一天改吃兩餐很稀的屑米粥。三小下面還有一個妹妹和一個弟弟。童年貧困匱乏的日子，讓三小日後吃什麼都覺得好吃。

三小到了七、八歲，因大哥和二哥要幫助家務，父親有時出外做小生意時，就帶著三小在船上，幫忙看守船隻和船上的東西。有一次和父親出外收集糞肥，裝滿了一船艙，欲送往需要的田戶。當船行到一條比較寬闊的河流中，經過一個村莊，岸邊上忽然有一個偽和平軍哨兵，大聲呼喊：「請停船靠岸受檢查。」可能因為父親沒有理睬，或是反應遲了一點，哨兵就朝他們連開了兩槍，父親只好停船靠岸受檢查，被罰繳交一些錢後放行。三小後來回想，這兩槍真危險極了，如果不幸被打

中，那就白送一條命。生在亂世，生命能值幾兮？還有，小孩子因為常聽鄉下大人說了很多鬼怪的故事，都信以為真，所以當三小一個人留守在船上，尤其到了晚上月黑風高，四下無人，心中常生起莫名的恐懼，彷彿鬼怪就在身邊作祟。

童年時，家境雖然貧困，但三小印象中還依稀記得，兒時在家，每逢過農曆新年，父母會給些壓歲錢，大家換成銅板後，就與大哥、二哥和鄰家的小孩玩擲錢堆；春回大地時，一到春天至秋天，母親常叫大哥或二哥帶著三小，攜著小籃子，去到戶外的路邊、河溝、田野摘採野菜，最常見到幾種野菜，如薺菜、馬蘭頭、馬齒菜等，挖好以後，很高興地拿回家交給母親烹煮，現採、現煮、現食，鮮美的滋味，溫暖的親情，是貧苦日子裡最珍貴的享受；炎炎夏日裡，兄弟們一起下水玩樂，但沒有學會游泳；秋高氣爽時，大家到野外放風箏；降雪的冬天，孩子們就在屋外玩冰雪，這些樂趣都是不用花錢的。三小在六、七歲時，曾感染過天花病毒，父母在他的頭上紮著一塊紅布，讓人知道他正在出天花，不許外出與人接觸。每天讓三小喝烏魚或鯽魚煮的白湯，完全不放油、鹽。後來怎樣醫治好的，三小完全沒有印象了，幸好沒有在臉上留下疤痕。

三小還記得兒時在家鄉，每年清明節時，溱潼鎮都會舉行盛大的「溱潼會

船」，因屬泰州管轄，故亦稱「泰州會船」。會船是蘇北里下河地區——茅山和溱潼鎮一帶特有的民俗活動，古有「天下會船數溱潼」的美譽。每年清明節第二天，四鄉八鎮的數百隻會船雲集水面表演競技，非常熱鬧。通常分為篙船、划船、花船、貢船、拐婦船（船尾有櫓可搖）五種類型，到活動節日，千舟競發，百舸爭流。其中以篙船陣仗最壯觀，比賽最激烈。比賽開始，船上除了打鑼和掌舵的，船兩邊還各站十二個撐船壯漢，手樣四、五米長的竹篙，鑼聲一響，篙子下水，鑼聲再響，統一揚篙，一起一落的節奏，整齊劃一，極是壯觀好看。

三小家中，母親對子女的管教比較嚴厲，小孩子如果不聽話或犯錯，就會受到母親的處罰，用雞毛撣子或掃帚柄子抽打；父親反而很慈愛，沒見到打過孩子，甚至見母親打小孩時，更勸說或阻擋母親不要再打了。雖然母親的管教嚴厲，但三小記憶中的母親仍是慈祥的，想起母親為全家人辛勤的付出，心中只有感恩。

三小九歲時，母親忽然得了重病，三小未曾知道母親究竟生的是什麼病，印象中好像只請鄉村的一位中醫看了一、兩次，服了中藥，沒有起色，以後就沒有錢再請醫生看病了。大約過了兩、三個星期母親就與世長辭了，年齡僅三十六歲，家人深感哀痛不捨。當時家貧，連棺材都買不起，是拆了小船的木板，釘成棺材去埋葬

的。母親的早逝，未能有機會報答母親的養育恩德，是三小最大的遺憾。

三、出家做小沙彌

三小的母親去世後，家中頓時失去了重心，也因家境貧窮的緣故，使三小走向出家之路。江蘇省蘇北里下河（包括寶應、高郵、江都〔今揚州〕、泰縣、東台、興化、鹽城、阜甯、淮安九縣），是流行生產「和尚」最多的地區。這句話確實沒錯，雖然在蘇北交通和文化不是很發達，但佛教信仰在民間卻很興旺，當地的出家風氣很盛行，這或與當時生活貧困及人口生育多有很大的關係。

三小出家的因緣，是由父親和祖父做主的。祖父名叫袁景來，小時候曾讀過幾年私塾，略通文字，自幼信佛，誦經拜懺也會敲打法器。祖父後因家道衰落，他的幼子和一個孫子出家，也就是三小的叔叔灼然和尚和堂兄淨六法師。三小的母親去世後，因家境困苦，在四兄弟中，大哥和二哥年齡較大，可幫父親務農，妹妹及四弟年齡又太小，所以決定選擇送三小去出家最適當。

母親去世不久，父親和大哥，帶著九歲多的三小，乘坐家裡的小船，前往約十

多里外一個小村莊的寺院，拜見一位不良於行的中年和尚，接受三小在那裡出家。三小出家後，取法名「慧開」，服侍那位不良於行的中年和尚，慧開稱他為「二師公」。但由於無錢縫製僧衣，出家後慧開仍穿著俗家的衣服。二師公右腿不好，行走要靠一支拐杖，走起路來一跛一拐的，人們都稱他為「瘸和尚」，又因他常咳嗽，吐很多痰，人們又稱他為「痰和尚」。他平時教慧開念書識字，快十二歲的慧開，因為家貧沒有讀過書，是一個小文盲，一字不識。初開始學習《三字經》、《心經》、〈大悲咒〉等。另外有一位煮飯和看門的傭人，因寺院裡平常僧人很少，不做早晚課誦，二師公就規定慧開，早晨和晚上，在佛殿裡佛像前高聲唱誦禮拜：「南無普陀山，大慈大悲，救苦救難，廣大靈感，觀世音菩薩摩訶薩！」各二十四拜。

那年冬天，快到農曆過年時，寺裡忽然回來一位老和尚、一位中年和尚、一位年輕比丘，說是慧開的太師公、大師公、師父，他們平時都在外地大叢林裡安住，分別為上座元老、執事、參學。慧開拜見他們禮座後，三位長輩見他是個鄉下土孩子，笨笨傻傻的，既不聰明也不活潑，所以並不是很歡喜的樣子。但過了農曆年後，他們又離開小寺院了。

到一九四二年春，大哥忽然划著小船去看慧開，說是要帶他回家住一小段時間，然後準備送他去很遠的儀徵縣城外一座大寺院裡住。遺憾的是，小時候沒有記住最初出家的村莊和寺院名稱。

四、隆覺寺長住四年

回到俗家，慧開第一次見到常年在外，與出家叔叔（灼然和尚）住在一起的祖父。祖父非常慈祥，當時已是七十歲的老人，信佛極具虔誠。他可以獨自在佛殿上做早晚課誦，敲擊鐘、鼓、木魚等法器，並義務幫忙照顧寺院，看守門戶。

慧開在俗家住了大約半個月，即跟隨祖父起程向儀徵縣出發。離開家鄉時，父親和大哥先用小船送他們至泰州城，然後陸行至揚州，大概有一百多華里。因為祖父年老，慧開年幼，所以路途有時步行，有時乘坐獨輪車，或騎小騾子，行程兩天到揚州，然後再走約二、三十華里，即抵達坐落於儀徵縣城東門外的朴樹灣小鎮上的「隆覺寺」。祖父到了隆覺寺，即將慧開交給住持——養廉和尚，第二天祖父就回儀徵城裡，慧開出家叔叔住持的資福寺。

在隆覺寺，慧開見到兩位與他有關係的人：一位是曾見過一面的太師公「普仁」退居老和尚；一位是已經出家數年的堂哥，法名「淨六」，約長慧開四、五歲，是慧開父親的大弟所生之獨子，他因父親早逝，母親改嫁，成了孤兒，之後被出家的叔叔收為徒弟。慧開與堂哥在隆覺寺僅同住幾個月，堂哥就到江南大叢林裡去參學了。文化大革命時堂哥被迫還俗，五十七歲去世。

隆覺寺是一座較大的十方叢林，平常住有僧人七、八位，屬於佛教舊派傳統，作風專制，陳腐守舊，經濟來源以收田租和自耕農為主，也有部分來自經懺佛事。寺院以方丈和尚為主，上面還有三位退居老和尚（不一定每位都年老，但自方丈退位下來，就稱老和尚），下有一、兩位住眾青年比丘及三、四個小沙彌。寺裡每日維持早晚課誦，擊鼓叩鐘等，非農忙時，晚上還要加一支香念佛功課。

慧開在隆覺寺時，除了方丈養廉和尚外，上有三位退居老和尚，第一位退居老和尚是最高元老，有抽大煙的老習慣，常住奉養他，他什麼事都不管。第二位退居老和尚就是慧開的太師公「普仁」，輩分高於慧開三倍。慧開這次能到隆覺寺長住，或許就是因他的關係。他在佛教舊派中，資歷很高，在金山寺、高旻寺、常州天寧寺等都曾參學過，唱念佛事特別好，但他不太主張年輕的出家人多讀書。第三

位退居老和尚，剛從方丈位退下來。當新任住持外出時，他才代理住持職務。

幾位退居老和尚及方丈，因為不懂得怎樣管教小沙彌，都是以舊式的傳統習慣，採用嚴厲的打、罵、罰跪等體罰方式。他們的處理又極不公平，全憑自己的喜好為主，對喜愛的小沙彌非常寵愛；對不喜愛的，常給予不合理的對待，打罵時甚至有些近乎虐待。慧開自稱天性比較老實和魯鈍，凡是被認為不聽話、犯錯，或讀書及五堂功課背誦不出來，或其他的原因，就會受到處罰。方丈和尚打小沙彌，是把人綁縛在小桌子上，臉覆向下，然後用木板猛打屁股，有時屁股會被打腫。退居方丈則是用戒尺狠打手心，讓人直痛到心裡。慧開的太師公，是用一把麻繩打起結來抽打小沙彌頭部，被打後，頭上常會腫起一個個小癤。木訥的慧開及另一位小沙彌，成了他們的出氣桶。但是，被處罰時，只能默默地忍受，完全沒有抵抗力；被打時，雖痛徹心腑，還不許哭叫，真是無奈極了。慧開的太師公普仁老和尚，有時會去大叢林裡住，也常回來隆覺寺住。慧開平常最怕太師公回來，因為這時候既會受到方丈和尚的打罵，同時也會受到太師公的打罵。當時他們的心中，也許認為嚴厲的管教打罵就是一種教育。

慧開在隆覺寺長住將近四年，在痛苦的日子裡學會逆來順受。但他也學會了

做五堂功課，背誦《金剛經》，讀完《大學》、《中庸》及半部《論語》。因此，雖然長期處於體罰等痛苦，慧開卻不怨恨，而是懷著一份感恩之心，常想身為鄉下窮苦的孩子，能有讀書識字的機會，是很難得的。在數十年後，有機會從美國返鄉時，他還特別跑去拜望供養長輩。

每逢過了農曆新年後，隆覺寺就讓慧開去儀徵城裡的「資福寺」，探望祖父及住持灼然和尚，向他們拜年，大約停留一個星期，那是慧開最感快樂的時光。資福寺很大，是儀徵縣三大寺（天寧寺、資福寺、隆覺寺）之一，但當時寺院很窮困，因在國家戰亂時期，收不到田租，生活極艱苦；田產都在鄉下，而鄉下有土匪流氓，在不太平的時候，下鄉收租很危險。資福寺裡很多空屋，住有偽和平軍及日本軍人。有一次慧開生了重病，到資福寺調養，已經不記得生的是什麼病，睡臥在床上約半個多月，由祖父老人家照顧一切，後來身體慢慢好起來。與性格慈愛和藹的祖父相處的這段溫馨時光，祖父的言教和身教，對慧開一生的影響很大。可惜過了不久，祖父就得重病往生，高齡七十三歲。

朴樹灣隆覺寺有一個很不好的風氣或陋俗：有些富有的人家或士紳，到年紀大時，常預先做好壽棺材寄放在寺院裡。或有人去世後，如沒有馬上埋葬，也將死者

先寄放在寺院裡。隆覺寺的前殿較為寬敞，前進三門供奉的是彌勒菩薩，背後朝佛殿供奉的是韋馱尊天像。兩邊空間就放了十多具空的壽材，棺蓋前頭不完全蓋合，約空一尺多，裡面放著一個不倒翁土偶，表示人還活在世上。但也有兩、三個棺材是有死人屍體在裡面的，放著而不埋葬，有時會生出異味。所以平常前殿三門及門窗都不開，裡面非常陰暗，另用其他側門。每天早晚課誦之前，規定小沙彌要到前殿進香，裡面中樑柱上只懸掛著一盞燃點食用油的琉璃吊燈，光線昏暗，膽小的沙彌，有時只一個人入內進香，就會覺得毛骨悚然。但慧開也因此慢慢練出一點膽子，只是要說完全不怕是假的。

慧開十四、五歲時，在隆覺寺已住了近四年，因為實在被打到受不了了，某一天，就與一位同被體罰的沙彌相約，一起逃出隆覺寺。他們沿路向東行走，到了名叫東石人頭的村莊，見到一間小寺院，進去請求掛單，就被收留下來幫忙做經懺佛事，從此就沒有再被人打罵管教了。

五、依出家的叔叔為師及寶華山受戒

慧開逃出隆覺寺後，在小寺院住了約四、五個月，一天，出家的叔叔忽然派人來找慧開，說要帶他去儀徵資福寺住。慧開隨即收拾東西，請假離開小寺院。幫忙做了幾個月的經懺佛事，單金也要不到了。然後，就隨工人去到資福寺。從此，慧開就依叔叔灼然上人為師，有了新法名「淨海」，字號「一清」。回想此事，淨海法師覺得這是他一生中很重要的一個轉捩點，若非出家的叔叔把他帶離開趕經懺的小寺院，可能就做經懺佛事一路走下去，毀了一生的前途。

在資福寺住了約半年，一九四六年秋冬交替之際，淨海法師滿十六歲了，師父給了他一小筆零用錢，命令他準備渡長江至南京寶華山隆昌寺受戒。隆昌寺位於江蘇句容縣北部，長江南岸，因有寶志和尚登山結庵，講經傳教，遂稱此山為「寶華山」。隆昌寺始建於南朝梁代天監元年（五〇二年），距今約一千五百年，是佛教律宗祖庭，建築宏偉，號稱「律宗第一名山」。寶華山一向是中國傳授三壇大戒最著名的道場，每年都維持春季和秋季兩次傳授三壇大戒，規矩非常嚴格，當年是由

妙柔長老擔任得戒和尚。師父又囑咐他在受戒之後，就在寶華山學戒堂住下來，等待寶華山律學院開學，報名申請讀書。

佛教僧團很注重傳承，有宗派系譜，師父命令淨海去受戒，並告訴他〈曹洞宗復興庵宗派〉系譜如下：「……元道宏傳一，心光普照通，祖師隆法眼，永博壽昌宗」；下接復興庵宗派四句：「性淨真如海，妙明般若用，慧融成解脫，空假理圓宗。」所以在淨海法師前面的長輩，有昌慧、昌明兩位太師公。昌慧太師公於一九四七年在南京古林寺春季戒會當開堂和尚，他因為唱念特別好，熟諳叢林規矩，又有一副金嗓子，成為京滬線一帶著名的傳戒師開堂和尚。淨海法師在寶華山時，曾特別請假，專程往南京古林寺向昌慧太師公禮座。至於昌明太師公，則從未見過。兩位師公——宗庥、宗蔭，淨海法師也從未見過。兩位師父——大師父性慈（字蔭雲）、二師父性珠（字灼然），也未曾見過性慈大師父。淨海法師共有七位師兄弟，六位在外讀書或參學，一位不歡喜讀書的，在家鄉擔任三個祖庭小寺院住持。其中一位是出家的堂哥——德高，法名淨六，也是師兄弟之一。

三個祖庭小寺院，淨海法師從來都沒有機會住過，只有復興庵因位於淨海法師出生的茅家村前，小時候未出家前，曾隨父母親去玩過幾次。有前殿和後殿及兩邊

廂房，成為四合院，非常精緻莊嚴，中央是一個大天井，平時很安靜。每逢農曆過年時，常舉行熱鬧的廟會，有各種雜耍，及放映西洋鏡片（用一個像屏風的木箱，一面開幾個圓孔，內有燈光，兩邊有人放映抽動的西洋人物或風景片）。當時小孩子雖然什麼都不懂，卻看得很開心。但等到一九八五年淨海法師回故鄉探親時，復興庵前殿和後殿已早被拆除，只剩兩邊不連接的廂房，內放稻草，破舊不堪，世事無常，睹物思往，真令人唏噓不已！

淨海法師回憶說：「一九八五年，我回國探親時，曾專程往訪我受戒的根本道場——寶華山，當時已有公路汽車直達三門口。大陸文革開放後，落實宗教政策，寶華山也得到重興，有些重要殿堂，已做過裝修，住有僧約二十多位。因為交通便利，也有些香客或遊人上山。想起我過去到山上受戒，住學戒堂，大約住了半年多，學習僧人的威儀、規矩及獨樹一幟的『華山律腔』唱念等，如律而行的出家生活，當時雖是懵懵懂懂，但這些也只有在大叢林裡才可以學到。」淨海法師在受戒數十年後，再訪寶華山，臨別時，獻上一點微分的供養，心中難免帶有一絲絲懷念和感傷。

三壇大戒

三壇大戒，是中國大乘佛教於出家僧眾所特有之傳戒儀式。依初壇正授沙彌（沙彌尼）十戒，二壇正授比丘（比丘尼）戒，三壇正授出家菩薩戒，合稱「三壇大戒」。

現在南傳佛教國家中，只有沙彌十戒和比丘具足戒的僧團傳承，沙彌尼和比丘尼具足戒，已在公元十一世紀時斷絕傳承了。所以，男性兒童、少年、青年，只要符合出家條件，因緣具足，隨時可入寺出家，未滿二十歲受十戒為沙彌，滿二十歲受具足戒為比丘，舉行受戒儀式，幾小時即可完全了，是隆重而平常的法事。

但佛教傳到中國後，東晉時譯出了五部律，早期佛寺所依的戒律，並不統一，在流傳中，唐初道宣律師探究律部，以《四分律》為宗，以後受到中國僧眾所尊重。由於中國是大乘佛教，出家受戒時，還要受菩薩戒（通於在家者），合稱「三壇大戒」。印順導師在《華雨集》第四冊〈傳戒〉一文中曾說：不知什麼時代開始，我國是舉行大規模的集體受戒，戒期有五十多天的，有一個多月的，最短的是七天。

其實到民國時期，隆昌寺道風已漸衰，僧人素質低下，只存一個虛有其名的空

架子。後來很多主持傳戒的戒師們，他們也許對規矩儀式很熟悉，唱念很講究，道貌很威嚴，其實對傳戒的精神和意義，並不一定完全了解。

淨海法師說，當時有一種非常不好的風氣，在戒期中，戒師們很會修理新來受戒的戒子們，有理無理都會受到嚴厲地打罵，有句口頭語說：「有理三扁擔，無理扁擔三。」也就是說他們打了你罵了你，有理或沒有理，你都要接受，還要口答「阿彌陀佛」，不許有辯白的理由，否則可以不讓你受戒，跪打香板，然後再遷單。有些才受過戒不久的引禮師，自己什麼都不懂，但也學會了打罵新戒，顯示他的威風。淨海法師就曾見過一位同戒僅半年的引禮師，個子非常矮小，竟能跳高起來賞摑新戒一個巴掌。而新戒見到老戒，就像見到閻王一樣。這哪裡是像佛陀時代所教導和主張「和樂清淨」的僧團。曾擔任引禮師的淨海法師，則從沒有想去打罵新戒。

寶華山規矩的敗壞，其中有兩大陋習最讓人長期垢病：一是各個寮口可以燒小鍋，吃得比較好些，而大眾的飲食極差，甚至可說是很惡劣，據說是因明末有三個太監在寶華山出家，要求較優待的飲食而形成燒小鍋陋習。二是人事不和睦，堂裡住眾向來看不起外寮發心的苦行僧，認為是老粗無知，外寮的人也不買堂裡住眾的

帳，弄得長期如冤家一樣。

淨海法師在寶華山受戒後，在山上學戒堂住了半年多。後來律學院因為請不到好的師資，未能開辦成功。一九四七年春，淨海法師把寶華山的情況奉告師父知道，師父又囑咐淨海法師赴常州天寧寺佛學院就讀，並請當時正在天寧寺掛牌當西堂元老，也是淨海法師以前的太師公——普仁老人介紹推薦。

六、天寧寺住禪堂及佛學院讀書

常州天寧寺始建於唐朝貞觀、永徽年間（六二七—六五五年），有東南第一叢林之稱。以後歷經擴建修繕，到民國初年，天寧寺占地一百三十餘畝，極盛時有殿堂、樓閣、寮房等四百九十七楹，常住僧侶一千數百人。寺田多達一萬餘畝，是江南有名的四大叢林之一。

天寧梵唄：漢傳佛教禪腔典範

梵唄是佛門中讚詠歌頌佛德的音聲，依梵土（印度）曲譜詠唱，故稱為「梵

唄」。「梵」字，除揭示與印度、佛教之間的根本聯繫，亦與佛陀的音聲具有關聯性。《長阿含經》卷五記載：「其有音聲，五種清淨，乃名梵聲。何等五？一者、其音正直，二者、其音和雅，三者、其音清徹，四者、其音深滿，五者、周遍遠聞。具此五者，乃名梵音。」由此可知，「梵」字也含括音聲清淨、平和而深遠的特質。「唄」是指運用旋律來諷誦經文，有讚歎、止斷的意思。因此，「梵唄」二字結合之意，即為「清淨的唱誦」，不同一般世俗、流行的音樂，是透過清淨心所發出的清淨音聲，藉由真實純粹地念誦經文或唱誦「讚」、「偈」，幫助行者的身、口、意三業專注在淨業之中。梵唄讓眾生得以梵音攝心息緣，觀照法義，成為佛法教化眾生的一種方便法門，為吾人清淨個人三業提供最佳的方法。

常州天寧寺梵唄節奏沉穩紮實，唱腔悠揚瀟灑，韻味古樸清雅。其梵唄唱誦向為全國漢傳佛教寺院公認之典範。

一九四七年夏，淨海法師離開寶華山赴常州天寧寺。法師到了天寧寺，先拜見普仁太師公，可是他認為淨師生性笨拙，不是讀書之材，不但不肯介紹淨海法師進佛學院，還硬要把法師先送進禪堂學習坐禪。淨海法師沒有辦法，只好依他的建議先住進禪堂。那時天寧寺的禪堂，住眾只有五、六位僧眾。平時禪堂教學的堂主，

都不大懂得真正的禪法，只講些人云亦云的話頭。淨海法師住了半年的禪堂，再去請求太師公介紹到佛學院讀書，但老人家仍認為淨海法師太笨，不適合讀書，要淨海法師繼續在禪堂裡住下去。一心想進佛學院求學的淨海法師，只好寫信將情況報告師父，師父便另請求當時天寧寺監院——戒德法師介紹。到了一九四八年春，淨海法師終於考進天寧寺佛學院讀書。佛學院分有先修科、預科、正科，共有青年比丘學僧一百多人。這一年的夏天，師父寫信告知，淨海法師的父親已經去世了，享年五十三歲。

淨海法師雖然覺得自己很笨拙，老實又鄉土，但他認為笨人並非不能讀書，只是進步比較慢。其實笨人讀書如肯用功，成績也並不一定差到哪裡。當時先修科學僧最多，有五十多人，一學期讀完下來，期中大考，淨海法師考得第八名，成績公布在榜上。淨海法師去報告普仁太師公，老人家有些懷疑不信。到了次學期，淨海法師考得第四名，太師公這時才對他稍有些不同的看法，知道不是完全不

淨海法師於天寧寺佛學院讀書時期

可教了。

當時天寧佛學院的課程，不但有佛學、國文，而且也有一般學校的數學、英文、物理、地理、歷史等。佛學的課程是由法師們主講，其他高級班的國文、社會學科，則由在家居士主講。

天寧寺是江蘇省的著名大叢林（寺院），進入佛學院讀書的學僧不但要接受佛法與世間知識熏陶，而且特別重視宗教德行情操的培養。所以每晨四時即起身，四時半早課，六時下早課。下午三時半上晚課，五時下晚課，每堂課誦要一個半小時多，加上排隊去上殿，下殿回寮，兩堂課誦就要四小時以上，每天都是如此。

叢林有所謂「冬參夏學」的制度。即到冬天佛學院放寒假時，學僧們每晚七時至九時都必須到禪堂參禪，學習靜坐、默想、觀照、調身、調心、調息（呼吸）、跑香、聆聽住持開示。夏天放暑假，佛學院不上課了，學僧們上午要學習梵唄，下午二時半至三時半，每天要加多一堂午殿修持。在暑假和寒假中，有錢的同學，會計畫回祖庭休息一下，或結伴出外旅行，而多數沒有錢的學僧，就留在佛學院中。

淨海法師因為天生憨厚老實，不懂得投機取巧，所以不論在寶華山住學戒堂，或到天寧寺後，從來沒有無故曠殿、懶惰缺席。而有些調皮機伶的同學，真有通天

淨海法師（前排右二）與天寧寺佛學院學僧合影

本事，與常住執事師父們、佛學院教務主任和訓育主任法師攀關係套交情，常能請到病假、事假等，躲過很多殿堂課誦，可見規矩執行時也有很大漏洞。如果是老實不懂人事關係，則不容易請到假。

淨海法師記得在天寧寺佛學院做學僧時，曾遇到好幾件很不合理的事情，例如有一天晚上睡覺時，同學們在床上大聲講話，訓導主任法師，走到淨海法師床位前，不由分說地就用藤條在法師頭上和臉部抽打幾下，接著大喝一聲警告說：「不許亂講話！」然後走開了，就是這樣地不講道理。又有一次，學僧吃早餐，配的是腐壞的臭鹹菜，真是

臭得不得了，甚至可以看到生蛆被煮死在菜裡，於是有些學僧起哄，說臭鹹菜不能吃，無法下嚥。結果引起教務主任法師來察看，起哄的一些同學當下都不作聲了，教務主任想用威嚇的聲勢壓制下來，就叫出幾個老實的學僧出來，淨海法師也是其中之一，要他們點名說出鬧事的同學。幾位老實同學，哪敢點名說出鬧事的同學，於是就在佛前被罰跪一小時了事。當時只有學習忍辱，因為如有反抗或要講理，以後可能就沒有好日子過。

叢林與小廟

古代印度佛教寺院分類，一為「僧伽藍摩」，「僧伽」意譯為「眾」，「藍摩」意譯為「園」，簡稱「伽藍」，意思是大眾共住的園林，所以稱為「叢林」。如佛陀與諸大比丘常住的竹林精舍（又簡稱竹園）、祇樹給孤獨園。另一為「阿蘭若」，簡稱「蘭若」，就是在村外空曠處，獨自一人或二、三人共造一小房以為居住，為清靜修道之所；或者不造房屋，只止息在大樹之下，也叫「阿蘭若」。依律制規定，信眾布施的土地和寺院，是屬於僧伽所共有的，只要是四方合法的比丘（比丘尼另有比丘尼寺），從四方（大乘佛教歡喜說十方）來，皆可以來掛單或

久住。

佛教傳入中國以來，唐代興起的十方叢林，多少改變律制，以適應中國社會，特別是禪宗的興起，立有〈清規〉代替律制，但還是十方（四方）所有制，各地僧人可以來住修學。到宋初已有徒弟院，經過七、八百年，到清末和民初，小廟數量就更多了，幾乎到處存在，叢林反而變成少數，不及十分之一。

叢林（十方叢林）和小廟的不同處，主要分別在於十方叢林是住有很多僧眾的大寺，有管理制度，為十方公有制，住持的傳承是選賢與能。也有古寺衰落了，住眾少了，但住持的傳承仍是選賢與能，也可說是叢林的一種。小廟則是私有制，為子孫寺院，住持是師徒代代相傳——師父傳徒弟，徒弟再傳徒弟，或師兄弟之間傳承。也有小廟興旺了，變成大廟，還是保持師徒相傳，仍屬子孫寺院。子孫寺院可以改成十方寺院，但十方寺院不可以改成子孫寺院。

大陸改革開放後，曾多次返鄉探親的淨海法師觀察到，中國佛教經過文化大革命，小廟等於全部消滅，倖存著名的叢林或名山道場，都成了旅遊觀光地區，趨向商業化和世俗化了。在臺灣，佛教是得到新的發揚，對弘法、文化、教育、慈善等都有貢獻，但是不論大寺或小廟，事實上都是師徒相授繼承變為子孫廟了，甚至影

響到海外華僧的道場，離律制和叢林制度更遠了。還有，在中國大陸和臺灣，過去因為經濟的發展，社會家庭趨向少子化，所以出家的僧尼人數減少，而且有的出家又還俗了，形成多處大廟或小廟都缺少僧尼居住。佛學院也少人去讀了。頗令關心佛教未來前途者噓唏不已！

再談天寧寺，淨海法師回憶說：「一九八五年及一九九〇年，我回國探親時，曾兩次訪問天寧寺。天寧寺因為是國內著名禪宗寺院，改革開放後，是最早開放復興寺院之一，而且又在重要的城市常州，能很快復興起來，已具規模。想起過去我於一九四七年夏初到天寧寺，先住禪堂半年，然後進佛學院讀書一年半，回憶起往事，對我曾參學的地方，總是無限的懷念。」

貳

時代考驗

——赴臺親近慈航法師時期

（一九四九—一九六〇）

一、從軍赴臺

一九四九年三月十一日（農曆二月十二日），忽然有一位已經離開天寧寺佛學院的同學新明法師從南京回來，並帶了星雲法師、廣慈法師、淨三法師同行。其中廣慈法師與淨海法師認識，一九四七年夏，淨海法師在天寧寺住禪堂時，廣慈法師擔任大悅眾職位，次年即陞為「維那」，他的唱念和喉嚨都可列為第一流，當時三十一歲。淨三法師是淨海法師未曾見過面的師兄，初次相見認識，他是大師父收的徒弟。師父特別愛護他，送他到南京臥佛寺太虛大師創辦的大雄中學讀書，這在當時是非常難得的機緣。星雲法師也是初次見面認識，人很聰明，活動力很強，文章寫得非常好，他那時才二十多歲，在中國佛教界已稍有些名氣。

這位從南京回來的新明同學，以前是預科的學僧。他們四人向同學們宣布說：國民政府有位著名的孫立人將軍，正在京（南京）滬線一帶號召知識青年軍，如果你是大學生，到臺灣後可以繼續讀大學，是高中生就讀高中。那時天寧寺佛學院同學們正在走投無路之時，當下就有十三位同學報名參加，即是：寬裕、宏慈、浩

霖、印海、果宗、以德、清霖、嚴持、戒視、清月、淨海、實清、新明，響應當時國府號召的「愛國知識青年軍」，以為到了臺灣之後，可以先有機會繼續讀書。當時因處在時局紛亂及佛學院停課狀態，大家決定當日起程趕往上海，與其他報名「愛國知識青年軍」的學生會合，等待搭乘軍船前往臺灣。加上大家寄望到了臺灣以後，還可能有機會親近慈航老法師，就讀佛學院，所以也就不再猶豫其他了，一致認為先到臺灣再說。

離開天寧寺到上海，因為招收單位知道很多學生都是自動報名參加，不會無緣無故跑掉，所以允許他們到達上海後，可自行去遊玩一天。那時淨海法師才十九歲，見到上海黃浦江岸兩邊高樓林立、遊人如織、先進的電車等，覺得很新奇，但因隔天就得上船啟程出發，無暇再多看。船上僧人除了天寧寺的十三個學僧，再加上星雲、廣慈、淨三及一位已還俗的殷嘯秋居士，總共有十七人同一艘船赴向未知的臺灣。一行人，三月十三日晚匆匆離開上海，三月十六日（農曆二月十七日）航抵臺灣基隆港，由此開始踏上一個全新未知的生命旅程。

前往臺灣時，雖然坐的是很大的軍船，但是航行在汪洋大海之中還是搖晃得很厲害。他們一行十七人，大多數人因暈船嘔吐，只有包括淨海法師在內的三、四個

人沒有嘔吐而已。淨海法師回憶說，當時可能因為年輕，雖然對未知的前途有一點忐忑不安，但心中還是懷著一些憧憬理想，並無太多離情。事後回想起來，法師認為也可能因為從小就在外面奔波，雖然離家不遠，只在附近幾個縣城飄蕩，但是當時交通不便也不常回家，因為在外面流浪習慣了，所以離情不會感覺很強烈。

淨海法師當時雖然還未滿十九歲，但他回憶同一條船上的人，依稀已可以看到每一個人不同的性格。同船的淨三法師，本是淨海法師的師兄，人也很老實忠厚。兩個老實人同船住在一起，雖然有些淵源關係，但是即使見了面卻因為生疏不熟識，也很少打招呼交談。反觀同船的星雲法師就大不相同，他原來也不認識大家，但看到很多人因初次離開家鄉，感覺苦惱及孤單，星雲法師馬上可以跟每個人攀談聊天，聆聽別人訴苦，為人解悶。淨海法師那時心裡就認為，星雲法師在那麼年輕的年紀，就展現出很強的領袖能力，日後必定大有成就。後來果不其然，星雲法師在臺灣吹大法螺，擊大法鼓，創立了門徒雲集的「佛光山」，將佛法弘遍全世界五大洲，成就非凡。

船到臺灣後，從基隆上了岸，乘搭普通夜行火車開往臺南。次日早晨抵達臺南車站，出站步行不遠，就看到一處有圍牆的軍營，上書「臺南補充兵訓練營」。頓

時很多人都傻住了，才知道是被騙到臺灣來當兵的。淨海法師一看是軍營，心想糟糕了，是來當兵的，心底猛然涼了半截，但是對自己盲從無知的痛苦下場，後悔也來不及了。

到了軍營裡，先分發營房，以連為單位，全連官兵約一百四十多人，淨海法師和大多數僧人被分發在第三連。一連有四排，一排三班，一班十二人，大多數的僧人都編在第二排，約近兩班人（淨三和新明兩位法師被分發到其他的連）。分發軍裝後，本想是到臺灣念書的淨海法師，被命令脫下僧袍，換上軍裝，讓法師頓時錯愕不已。

早期軍隊中的官兵，多數是不信佛的，甚至對佛教存有不好的印象。所以出家人在出操訓練時，如有些動作做得不好，不夠標準，常會受到班長、排長、連長等粗言謾罵，甚至拳打腳踢，出言汙辱出家人及佛教。淨海法師和同學們聽了心中極不好受，但又不敢出口辯解，否則馬上會受到違反命令的處罰。後來臺灣政府比較上軌道了，軍隊才規定不准打人。表面雖然是說不准打人，可是班長、排長等還是有辦法懲罰人。

淨海法師在二十一歲時，又受到政府徵兵入伍訓練通知成為後備軍人，那時軍

淨海法師著軍裝照

中已廢除體罰，但軍中長官班長、排長等仍有辦法懲罰新兵。譬如命令新兵在正午時分烈日當空下，立正站好十分鐘、二十分鐘，動也不許動。或者是罰做伏地挺身，那時候淨海法師還年輕，做十個、二十個沒有問題，但命令要做三十個、四十個，那種受罰也是很痛苦。總之軍隊裡有的是辦法整人，軍人就是聽命令，不聽命令就有苦頭吃。

二、逃離軍營

青年僧人因為驚覺原來當初招生就學只是個幌子，加上在軍營中每天面對無理的辱罵操練，大家心中很快生起冒險逃亡的計畫。當時年輕僧人中，有人記得慈航老法師在臺灣中壢圓光寺主持「臺灣佛學院」，號召「搶救僧寶，愛護僧青年」一

事。因此，有十多位從軍的青年僧，先後分批設法從軍營中逃了出來。淨海法師回想當初因為年紀輕，對於社會和時局了解不足，甚至對佛教本身狀況也認識不清。由於世局兵荒馬亂，走投無路，大家天真地以為到臺灣後可以安心讀書，結果卻是被騙到臺灣當兵。但後來卻因此得以親近慈航老法師，無心插柳柳成蔭，在走投無路的年代，未嘗不是替自己開創出從未想過的一條活路來。

大約在入營後的第三天晚上，集合排班時，印海法師正好排在淨海法師後面，他不斷用腳踢淨海法師，輕聲地詢問慈航老法師在臺灣興辦佛學院的地址。因為淨海法師過去在天寧佛學院時，曾讀到慈航老法師寄送的《人間佛教》雜誌，登有臺灣佛學院辦學的地址，記在心裡，是在臺灣省新竹縣中壢的圓光寺，便告知印海法師。未料，第二天一早就不見印海和嚴持二位同學的蹤影了，他們成了第一批僧人逃兵。

入營約一星期後，一天晚上在全連集合時，連長忽然盤問淨海法師，可能因為回答的不是很好，連長有點不滿意，就立刻命令班長、排長搜查淨海法師所有的東西，搜出法師的身分證及佛教僧人戒牒等，並遭強迫沒收了。想不到後來在臺灣，淨海法師因為沒有身分證，報不到戶口，而遭遇到重重的苦難。

當時部隊長官們對僧人種種不合理的體罰和謾罵，令這批在軍中的僧青年心裡感到煩惱和氣憤，但是又不敢表達出來。在軍營待了兩個多星期，淨海法師實在熬不下去了，就與以德、果宗三人相約偷跑了出來，是為第二批僧人逃兵。幸好當時沒有被抓到，如果被抓回軍營，處罰非常嚴厲，屁股會被打得皮開肉綻，後果不堪設想。

軍營的圍牆不高，大概只有一人高左右，一躍就可以翻過去。但是由於看過逃兵被抓回來時，被修理處罰得很慘，所以淨海法師等人也就特別謹慎小心。他們趁黑夜先觀察周圍情況，然後翻躍土牆，走了一段路後，偷偷地躲在附近農田的植物裡一段時間，再脫去軍裝換回僧服，等待四下平靜的時候，才藉著一點星光溜出來。白天怕人發現，只能在田間小路晝伏夜行。

因為人地生疏，三個人決定沿著鐵道附近行走，藉此辨別方向，心想向北走就對了。走了一天多，大家飢腸轆轆，但是身上一塊錢也沒有，沒有東西可以果腹。忽然有一部吉普車駛近，一行人也來不及躲避，車開到他們旁邊停下，裡面只有車主一人，看到他們三個僧人走在路上很辛苦，就問他們要去哪裡。淨海法師等人怕被逮捕也不敢直說，只好推說要到前面的永康站。車主好心載他們到永康站，三人

也沒有錢買車票，就偷偷上了北行的火車，幸好一路沒有人查票。到了中壢又偷偷地下車，還是不敢從驗票閘口出去，只能沿著鐵軌走一段路再跑出去。

淨海法師一行，途中遇到人家就問圓光寺在哪裡？還好到了中壢找路就容易許多，因為附近人家都知道圓光寺。逃出軍營的過程當中，一路沒有飯吃，但口渴可以向農家要水喝。雖然他們見到外省陌生人大都不敢多談，但是遇到要水解渴，還是會很高興地供給，或許認為他們是出家人關係。因為語言不同，只有極少數人稍微聽得懂可以溝通。真聽不懂時，還得用筆寫出來溝通。三人直到抵達圓光寺後被收留下來，才放了心。

淨海法師等人到達圓光寺時，慈航老法師恰好不在那裡。原來他老人家已經在兩週前，帶了六、七位同學去了基隆月眉山靈泉寺，另外開辦「靈泉寺佛學院」了。當時他們三人有兩位可暫時在圓光寺留住下來，但因淨海法師的身分證在軍營中被沒收了，身分不明，故而只住了一晚。第二天早上寺方就派人送淨海法師前往基隆月眉山靈泉寺。到後，拜見了慈航老法師，他老人家很慈悲地收留了淨海法師，並安排在課堂上聽課。回憶當時「佛學院」的生活和教學情況，淨海法師非常感念慈航老法師無畏的慈悲收留。法師說：「從軍隊逃出來親近慈航老法師的主要

目的，就是想讀書。慈航老法師真的很慈悲，來一個就收一個。當時如果慈老不收留我們，大家可能就會走到另一個方向。總之，慈航老法師發心，不管是誰，只要願意親近他，他都很歡迎，全力救護青年學僧。」

靈泉寺佛學院，除慈航老法師講課外，當時還有默如、戒德兩位老法師，他們兩位曾在閩南佛學院讀書二年。默如老法師曾在常州天寧佛學院擔任佛學老師；戒德法師任天寧寺監院二當家，是著名的叢林梵唄唱誦專家，一九四九年夏從大陸逃到臺灣，也覺得虛無飄渺，前途茫茫，無所適止，就投到慈師門下，得到安排住在基隆靈泉寺，並受慈師委託為學僧講授佛學。

稍後，第三批、第四批離開軍營的寬裕、浩霖、戒視、清月、清霖五位法師，他們也都到了中壢圓光寺或基隆靈泉寺，親近慈航老法師。

淨海法師估計當時大陸青年僧人自軍營逃出，總共約近二十人。最後沒有逃離軍營的，只剩下淨海法師的師兄淨三（後改名為曹敬三），他後來陞到中校，因為受過中學教育，平時很用功自修，文章寫得很好，有時在《中央日報》上寫專欄方塊，是屬精緻小品，退伍後考得中學教師資格，在中學教授國文，成家立業。殷嘯秋居士後來也陞到中校。實清（本姓徐，因借用釋迦牟尼佛本姓瞿曇

〔Gautama〕，所以改姓為瞿實清），當到士官長。新明（俗名梅訓澤），後來很少再與佛教界接觸，失去了聯絡。

淨海法師回憶，其他青年僧從軍營中下來的，還有了中法師，也投奔親近慈航老師；真華法師於一九四九年在舟山島被抓兵，隨軍抵臺，後因受傷退役，再度出家，親炙慈航法師與印順導師。另外，聖嚴法師不是參加孫立人的軍隊，他是從大陳島撤退的時候，跟著軍隊來到臺灣的，在軍中生活十年；煮雲法師則是從普陀山隨軍隊撤退到臺灣的。

三、二戰後的臺灣佛教和愛護學僧不遺餘力的慈航法師

為什麼在臺灣的大陸青年學僧，會不約而同地奔向親近慈航老法師呢？這得先回顧近代臺灣佛教和佛學院首創的情況，其中牽涉到日本、大陸和臺灣本土佛教錯綜複雜的三角關係。日據時代，由於日本和中國的全面戰爭，日本為避免臺灣人心思漢，大力推動「皇道佛教」和「佛教練成所」，灌輸皇民思想和軍國主義意識型態，使得臺灣本土佛教幾乎完全淪陷，喪失自主性。從一八九五年馬關條約，日

本統治臺灣後，日本佛教中的曹洞宗、臨濟宗、淨土宗、淨土真宗、真言宗、日蓮宗、天台宗和華嚴宗等八宗十二派，紛紛派遣僧侶到臺灣布教。一九二二年的四月四日，在日本總督府的指導下，成立了「南瀛佛教會」，名義上雖為民間團體，實際上是以日本官員為會長的全臺性佛教組織。當時的南瀛佛教會，是日據時代臺灣最重要的佛教組織，同時其專屬的刊物《南瀛佛教會會刊》的內容，也反映出日據時代，臺灣佛教活動之整體概況。

一九三七年「七七」事變以後，日本在臺推行「皇民化」政策，臺灣佛教不僅接受了日本統治者的「殖民化」，也接受了日本佛教的世俗化。但日治時期的臺灣本土佛教有所謂四大法脈、四大道場，其中基隆市靈泉禪寺開創月眉山派，由江善慧主持；臺北縣五股凌雲禪寺開觀音山派（凌雲寺派），由沈本圓主持；苗栗縣大湖鄉法雲寺創法雲寺派，由林覺力主持；高雄縣岡山超峰寺開大崗山派，由林永定等人開山。四大法脈的傳承還是來自於大陸的閩南佛教為主，尤其是幾位從臺灣齋教出身的開山住持，都是先到大陸受戒，再回到臺灣創立佛教道場，這樣的大陸傳承對當時臺灣佛教的發展有著決定性的影響。至於日本派到臺灣的「布教師」，對於臺灣的寺廟而言，比較像是高高在上的行政管束，臺灣人無法接受他們講經說

法，他們也沒有教導修行的方法。

日本殖民後的國共內戰時期，臺灣本土佛教仍處於青黃不接的混亂狀態。佛教和齋教相仿，僧尼與齋姑混淆，地痞流氓和地方勢力紛紛介入佛道不分的宗教領域。一九四七年以後，大陸僧人開始陸續抵臺，據早期抵臺的成一法師所見：「臺灣和尚都住在家裡，廟裡不住人！日本和尚都是有家眷的，臺灣和尚也跟他們學。他們都是早上披件袈裟，到廟裡上班，下午就回家。幾間廟宇看下來，發現都沒有經書！只有一本課誦本，其他真的什麼都沒有。」臺灣當時傳統民間信仰齋教（龍華、先天、金幢三派），本有獨立的組織和教義，互不統屬。二次大戰後，齋教已有顯著「空門化」的傾向，漸漸融入於佛教信仰之中。另一方面，脫胎於傳統齋教先天派的一貫道，則藉著結合儒家思想和入教的簡易，在臺灣地區盛行起來，甚至逐漸擴散至全球各地，特別是東南亞華人多的地區盛行。

二戰之後，中國和臺灣佛教的交流活絡，兩相得利。由於臺灣本土佛教的衰敗，戒律與修行方法的式微，佛齋不分的混亂窘境，當時臺灣佛教有識之士，紛紛想借助中國傳統佛教制度和僧才，恢復正信佛教的主流地位，重整寺制，重振叢林宗風。一九四九年以後，有不少大陸著名佛教人士陸續到臺灣弘法（諸如：慈航長

老、白聖長老、智光老和尚、南亭長老、大醒法師、東初法師、演培法師、印順導師等）。他們恢復傳戒，整飭僧團，擴建道場，使得原屬於中國大陸的「中國佛教會」，得以在臺灣開始重建。同時大陸僧人也擔憂時局紛亂，共產黨對佛教的態度不明，想要利用臺灣這塊土地，搶救大陸的法寶和僧才，開創新的佛法樂土，重建傳戒、辦學、弘法的佛法活動。

慈航老法師正是二戰之後受邀到臺灣弘法辦學的主要代表人物之一，當時早已聲名遠播，尤其是對大陸年輕的學僧而言，知道他在南洋一帶積極辦學，主要是新加坡、馬來西亞、緬甸等地。很多學僧知道慈航老法師後來到了臺灣，也聽到他在臺灣主持「臺灣佛學院」繼續辦學教育，便希望能有機會可以親近座下學習。到了一九四九年初，中國大陸國民政府軍敗如山倒，有不少出家僧人逃難到臺灣，包括一些著名長老和一批青年學僧。而大多數青年學僧到臺灣的目的，都是要親近慈航老法師。

當時，投靠或親炙慈航老法師的學僧，大概可分成兩種。有一部分是已經先得到慈航老法師首允才到臺灣親近。一九四九年正月，自立法師因先與慈航老法師通信，得到慈師的允許後，便與幻生和唯慈兩位同學從上海靜安寺佛學院，一同乘中

興輪抵達臺灣，再赴中壢圓光寺親近慈師。當時，同乘中興輪的還有圓明和守成二位法師（守成法師是幻生法師的師父）。在船上，他們是靜安寺佛學院的老師，到臺灣準備去臺中寶覺寺投靠同學大同法師。但大同法師初到臺灣也是作客，自身寄人籬下，無法照顧遠來的朋友。圓明和守成二師，最初雖無親近慈老的意向，但因生活和住處沒有著落，便轉到中壢圓光寺投靠慈航老人了。不久受慈老的委託，代他擔任臺灣佛學院的老師。

約在同時或稍後，在上海圓明講堂研究楞嚴專宗的心悟、心然二師回鼓山，預計過完舊曆年就要到臺灣親近慈航老法師，就約了淨良法師一起去。但軍人出家的瑞法（一名威音）聽到消息，也跟著要求同往臺灣，但必須要趕在二月十五前起程，否則到三月份就需要辦理入臺證了。他們因為在鼓山下來的耽誤，最後只好改搭飛機。妙峰法師是一九四九年初春，經香港優曇法師（慈老的徒孫）的介紹，赴臺親近慈老的。其後還有蓮航、性如、能果三位法師，也先後赴臺親近慈航老法師。

另外一批湧到臺灣佛學院親近慈航老法師的，就如前節所述，從軍隊中逃出的十多位青年僧。這批年輕學僧去投靠慈航老法師時，甚至連老法師自己也不認識

他們。由於當時國民政府初到臺灣，時局還未穩定，國共交戰仍然激烈，社會民心浮動，二二八事件（一九四七年）餘悸猶存，省籍衝突一觸即發，社會政治環境甚差，年輕學僧們苦無機緣安身立命，經濟條件上更是貧乏困頓。淨海法師回憶說，當時臺灣雖然也有幾位來自大陸的佛教長老，但是本身力量不夠，而且迫於局勢緊張和財源拮据，大多自顧不暇，即使有力量也不敢放手搭救，未能照顧或安置大陸青年僧人。

淨海法師和同學先後逃出軍營之所以會投靠慈航老法師，主要還是因為他們早在過去天寧寺佛學院讀書時，曾閱讀寄自南洋新馬，由慈航老法師創辦的《人間佛教》雜誌，知道他老人家在新、馬一帶提倡辦學，培育佛教人才，並擁有很多信徒，心中早已埋下能有機會去到臺灣親近他老人家受教育的種子。幸好當時有慈航老法師的出現，他雖然才受聘初到臺灣，自己並無久居之地，但是他以大無畏慈悲的精神，來者不拒，收留所有投靠他的大陸青年學僧。淨海法師說：「慈航老法師偉大的地方就在這裡，在我們最困難的時候，任何人去依靠他，他都二話不說的收留和保護。雖然，慈航老法師也沒有自己的地方，但他盡心盡力，全力搶救大陸來臺的出家人，特別是青年僧。」

也正因為慈航老法師在動盪不安的時代中，慈悲勇敢地提供流離失所的年輕學僧，可以繼續維持僧格的保護，前後約有十五、六人，恢復了僧籍。淨海法師回憶說：「如果當時慈公老人不肯收留逃離軍中的青年僧，大家沒有地方可去，經濟困難，可能就會被迫走向社會，投向世俗的人海中生活，不能繼續待在僧團保持出家身分。」慈航老法師收留的學僧，每個人後來各有成就，他們對臺灣和世界佛教都有相當程度的貢獻。

即便是星雲法師、廣慈法師等，雖然沒有直接親近慈航老法師很長的時間，但是他們能夠繼續保持出家身分，也和最初抵臺時，慈航老法師收留他們有密切的關係。由是之故，淨海法師憶及一生漂泊求學弘法，心中最感念的幾位貴人：一位是在少年時，帶領他走出經懺佛事的灼然上人，另外兩位正是他初到臺灣，前途茫茫舉目無依時，提供最大幫助的慈航老法師和臺灣籍的「樸野僧」無上法師，以及後來護持慈航老法師創建彌勒內院的達心和玄光二位尼師。

四、慈航法師的教學心情與臺灣佛學院興敗始末

慈航老法師是在一九四八年十月，受到臺灣中壢圓光寺妙果老和尚的邀請，開辦「臺灣佛學院」。原定三年為一屆畢業，如一切順利將長期辦下去。禮請慈航老法師從南洋來臺辦學的創舉，是為臺灣佛教注入新的氣象活水，是佛教界的頭條大事，各大媒體都刊載了這則招生消息，原計畫先試辦六個月的訓練班，然後再繼續辦研究班。

一九四八年十一月二日，中壢圓光寺「臺灣佛學院」，轟轟烈烈地開學，但卻沒有得到預期中風風光光的結局，而是於次年六月二十七日，就無奈地提前結束了，前後只成立了八個月就被迫中斷，沒有學僧接受三年完整課程，更沒有繼續辦研究班。中斷的主要原因是因為：學生程度參差不齊，師資缺乏，加上圓光寺的辦學經驗不足，經濟困窘，無力因應大陸抵臺僧人源源不絕地湧入圓光寺。

當年十一月初開學時，招收到臺灣本省僧俗男女青年約六十人，程度極不整齊，學生聽課還要經過臺語翻譯，多數學生不太了解老師所講的內容，極難教學。

有同學記錄當時情況：「臺灣剛脫離日本統治不久，大部分本省僧尼和齋姑，本來受的教育就不高，大都只受過簡單的日本初等教育，語言不同，國語、臺語不通。學生程度不齊，年齡差異大，連慈航老法師自己也覺得頭痛。所以當有大陸出來的學僧親近慈航老法師，聽得懂他講的課，老法師當然就非常開心。」加上慈航老法師在南洋住過很久，思想上或受南傳佛教的影響，認為學僧的主要工作就是修持與讀書，然後出來弘法；反對他們參與寺院的勞作瑣事和早晚做長時間過堂功課，慈航老法師也認為不需要共同念誦同一經文，這些理念也和邀請他的臺灣寺院的傳統想法和作息安排相悖不合。

妙果老和尚本身沒有讀過佛學院，對辦學絲毫沒有經驗，寺院在經濟道糧上面並不富裕，維持寺院開支已是捉襟見肘。當時圓光寺的環境簡陋清貧，除了能容納數十人的小講堂外，其他一切設備都沒有，對於開辦「臺灣佛學院」雖有宏圖大志，卻只有能力提供最基本的場地和食宿而已，沒有餘力聘請其他教員。至於學生的文具、筆墨、教科書、零用，也完全無力負擔，還得仰仗慈航老法師的南洋弟子遠洋挹注。此外，妙果老和尚與慈航老法師對於學僧是否需要幫助寺務雜役有不同看法，也是導致合作辦學中斷的原因之一。對於妙果老和尚辦學的雄心壯志，淨海

法師還是非常肯定，法師說：「臺灣當時經濟還沒有發展，尤其在寺院裡面生活條件不是很豐裕，能夠有心聘請高僧赴臺辦學的人，已經很了不起。」

面對陸陸續續突然爆增的新生人數，妙果老和尚開始恐慌了，擔心原本已困窘的經濟會雪上加霜，他以為將會有更多源源不絕的大陸青年僧前來投靠，於是直接向慈航老法師聲明，拒絕再接受新生，並且要慈老寫信推辭其他欲來而未到的學僧，有急速停辦佛學院和遣散學僧之意。圓光寺這樣突然的舉動，讓一心號召「搶救僧寶，愛護僧青年」，想要集英才而教之，速成培養青年僧才的慈航老法師陷入痛苦和失望之中。他氣憤地說：「既然請我來臺灣辦學，有青年學僧來就學，哪有拒絕不收留的理由？」心灰意冷的慈老甚至認為受邀來臺辦學，主辦單位卻只提供膳宿而已，其他什麼資源都不提供，又拒絕大陸青年僧入學，只放他一人唱獨腳戲，是他一生中失敗最大的一次，也是一生中受騙最重的一次。

至於當初辦學遇到僧多粥少的寺院經濟問題，淨海法師認為慈航老法師雖然陸續續收留學生，人數最多的時候男眾約二十多位，不到三十人。大陸上出來的女眾只知道有兩位，但是都沒有親近慈航老法師。她們到臺灣，由於其他的關係，一位到臺中寶覺寺，另一位在臺北一間小寺院安身。慈航老法師當時在臺灣普遍被認

為是位高僧大德，擁有很高聲望。臺灣佛學院開學後，最初報名的將近五十人，全是臺灣的學生，包括在家和出家，不久因為學生程度和語言不能適應，有些學生就退學了，只剩下約四十多人；加上連大陸新來的學僧十多人，合在一起約有六十人左右，人數並不算多到無法負擔。尤其早期大陸來的出家人物欲很低，只要有飯吃就可以，菜是寺院裡自己種，應該還不至於餓肚子。

那時候的圓光佛學院也是在克難時期，環境不好，沒有辦法到外面請到可以講課的師資。當初投靠慈航老法師的出家眾中，也有幾位年齡比較大一點，學問比較好，具有佛學院基礎的大陸學僧，負責幫忙講課教學。淨海法師說：「慈航老法師的慈悲心和辦學精神真是偉大，就算沒有其他老師，他自己一個人一天也可以教授五、六堂課，從早講到晚都不休息。而且慈航老法師很有趣，不論高興或不高興，所有的表情都表現出來，完全不會隱藏。上課時候一高興起來就手舞足蹈，連鞋子都脫下來頂在頭上，非常風趣，學僧都非常喜歡他。有的人或許會認為不雅，但那是他的一種怡情，個性的率真。」

淨海法師說：「慈航老法師也是靠自己苦學出身，名義上雖說親近太虛大師，實際上受教時間很短。慈航老法師後來到安慶迎江寺擔任住持，深感身為住持卻

因佛學知識不足，無法陞座對眾講法，所以發奮苦學自修。如果以做學問來說，印順導師當然是出類拔萃，智慧特別高，可能別人終其一生追求也沒有他的成就那麼高。老實說，慈航老法師對於比較高深的佛法，他不一定通達，不能說是很有學問的僧人，只能算是佛學程度比較好的出家人。在圓光佛學院的時候，一些程度比較好的學僧，覺得慈航老法師好像沒有講出個什麼東西。但慈航老法師很有趣，又有高度教學熱忱，所以當時上課就拚命講，什麼課都講，有時候講到他自己也不懂的地方，他也很有技巧，懂的就多講一點，不懂的乾脆就帶學僧直接念過去。後來有些學僧課後檢討，反應慈航老法師講的不詳細，大家聽不明白。慈航老法師反應也很直接：『我也不太懂，我帶著你們念，因為不念你們就不看書。現在不懂沒關係，至少也看過一次，會留下些印象，將來你們再多看，細心研究就懂了。我這樣做等於老母雞帶小雞。』」

慈航老法師在臺灣辦學並不順利，由於經濟困頓和護僧心切，只能帶著部分學僧遷徙遊走，分散住在各地寺院，希望能藉此安置大陸學僧也分攤寺院經濟負擔。所以，慈航老法師除了在中壢圓光寺「臺灣佛學院」辦學之外，也有十餘位大陸抵臺的學僧（妙峰、威音、嚴持、心悟、心然、淨良、淨海、浩霖、默如、戒德、

佛聲、雲峰）分住在基隆月眉山靈泉寺的「靈泉寺佛學院」。慈航老法師之所以會選擇靈泉寺做為第二個學僧收容所，主要是和靈泉寺開山祖師善慧和尚（一八八一－一九四五）在南洋講學時結緣的肇始。

由於學僧人數不斷增加，慈航老法師考慮圓光寺道糧有限又理念不合，因此也在新竹開辦「獅頭山佛學院」，新竹青草湖法源寺分別安插部分學僧（悟忍、了中、本印、之澄）住下來。慈航老法師在臺灣東飄西蕩，竭盡心力找地方保護安置青年僧人，曾對新竹法源寺的斌宗法師，大吐苦水：「慈航福淺德薄到臺灣來真倒楣，環境非常壞，所做的事多力不從心，大受挫折了。我個人是沒有什麼關係的，可是這一群飄飄蕩蕩，無所歸宿的僧青年，那就太可憐了。」可惜慈航老法師的努力還是抵不過時勢和經濟，「臺灣佛學院」，「靈泉寺佛學院」和「獅頭山佛學院」都如曇花一現，同時在短短幾個月後，由於經濟因素，紛紛停辦了。

淨海法師回憶從軍營逃出才在基隆靈泉寺待不久，慈老就常委託默如、戒德法師代課，慈老時常外出，同學們也不敢問什麼原因。過了幾天，慈老突然向大眾宣布，由於常住經濟困難，明天「靈泉寺佛學院」就要結束，商談結果，最多只能留住三、四位出家人（雲峰、威音、嚴持、淨良），其餘所有師僧以及散住在其他各

地的同學，都要回到中壢圓光寺，而且「臺灣佛學院」也要停辦，提早舉行結業典禮。同學這才了解原來慈老外出的原因，是為學僧尋找重新安頓的寺院。

一九四九年六月二十七日，各地同學都回到圓光寺，慈航老法師當眾宣布：「經過與圓光寺妙果老和尚和靈泉寺常住商談結果，他們都因為常住經費短絀，臺灣佛學院原定三年一屆，現在已經不能延續辦理下去，只得提前結業。」當時結業的場面，氣氛非常凝重和感傷，妙果老和尚也未出席，只是舉行了一個簡單而沒有歡樂的畢業典禮，「臺灣佛學院」只開辦了八個月（一九四八年十一月二日至一九四九年六月二十七日）就無奈地結束了。

臺灣佛學院在圓光寺舉行畢業典禮後，第二天早晨，慈師召集同學們講話：「臺灣佛學院提早結束了，凡本省的同學可以各自回到自己原有的常住寺院，外省的同學圓光寺僅能收容十位，願意留在本寺的，請把自己名字寫在黑板上，寫到十人為止（自立、唯慈、幻生、蓮航、能果、了中、以德、果宗、星雲、廣慈十名學僧，另加圓明、守成二位老師）；其餘所有的師僧，各人也可以選擇自願去留，謀求發展，不願意留下的，都跟著我走。目前暫時有新竹靈隱寺無上法師願意興辦佛學院，我們先去到那裡，以後看情況再說。總之，不管去到那裡，我有地方住，你

們就有地方住，我有飯可吃，你們也有飯吃。」慈師的講話，讓很多同學感動落淚。慈師搶救僧寶，愛護僧青年的精神，令學僧無限感念。當日上午，除了十位同學可以留住下來，其餘所有的師僧十多人，都隨慈師老人乘坐一輛中型巴士，開向新竹靈隱寺。

五、新竹靈隱寺佛學院與無上法師

「臺灣佛學院」和「靈泉寺佛學院」相繼停辦，臺灣其他地方也不願接受外省學僧，幸好有新竹靈隱寺無上法師伸出援手，發心繼續興辦佛學院，所以慈航老法師才能帶著十多位外省僧人暫時安住。一九四九年七月三日，靈隱寺佛學院開學上課，慈師任院長，無上法師任教務長，還有先至靈隱寺養病的道源老法師，以及默如法師、戒德法師兼課，都以佛學課為主。臺灣那時候只有無上法師在辦學，所以有將近二十個人，一起到他那邊去學習，無上法師很慈悲，人來了就收留。但未料只維持兩、三個星期之後，就發生僧難事件，佛學院又辦不成了。

無上法師（一九〇七—一九六六）和請慈航老法師到中壢圓光寺辦學的妙果

無上法師德相

老和尚，本來就有點宗門派系之間的認識關係，可以說是妙果老和尚間接的徒弟。淨海法師回憶：「無上法師是位很樸實的人，衣服穿著不講究，就好像鄉下人一樣，很鄉土派，乍看像是沒有知識的粗人，其實他是很有內涵的法師。那時臺灣佛教界很多寺院都不想辦學，只有他有心繼續堅持辦學，對臺灣的僧團教育非常有貢獻。他為人很忠厚樸實，待人寬恕，很能吃苦耐勞，可文可武；沒有讀很多年書，但對中國古文詩詞和現代白話文，都寫得很通順流暢，可與人討論作詩吟對，字體也寫得清秀有勁，要比我們讀過兩、三年佛學院的同學強很多。他平時都穿著一身短褂褲，赤足著拖鞋，與大眾共處，隨和中顯得粗獷率直豪爽。」

六、白色恐怖的僧難事件

民國三十八年（一九四九）國民政府遷都到臺灣之後，國共內戰持續惡化，風

雨飄搖的國民政府惟恐共產黨的情報人員滲透臺灣，顛覆人心，於是風聲鶴唳地實行保密防諜，只要發現任何言行、文刊、抱怨、對政府不滿或對共產黨同情，都可能被扭曲誣陷為通匪之嫌而鋃鐺入獄，甚至命喪牢獄。臺灣佛教在這雷厲風行抓匪諜的「白色恐怖」戒嚴時期，也不免受到池魚之殃，其中最引人注目的有三件僧難之事：一是一九四九年慈航老法師師僧十餘人在新竹被逮捕入獄；二是一九四九年臺南開元寺證光法師被保密局逮捕槍決；三是一九五四年印順導師因《佛法概論》被誣陷隱含為匪宣傳嫌疑，審查警告被迫修改。以下將略做解說。

慈航法師門下大陸僧人被懷疑有匪諜分子

慈航老法師在民國三十八年，由於國民政府懷疑慈航老法師收留很多的大陸學僧中，暗藏匪諜分子，被人密告誣陷為「涉嫌匪諜案罪」。

慈航老法師因「臺灣佛學院」和「靈泉寺學院」停辦，好不容易將學僧安頓到新竹青草湖靈隱寺，準備繼續辦學。原來計畫是六月一日抵靈隱寺，預定八日佛學院開學，怎料遭人密告涉嫌匪諜。淨海法師回憶說：「詎料才到靈隱寺不到兩星期，七月十三日那天，新竹市警察局派來警察，把師僧十多人，包括慈老、道源、

默如、戒德諸法師及同學八位，傳到警察局問訊，懷疑僧人之中有共諜分子潛在。這突如其來的災難，使得大家太震驚了。幸當天律航法師（慈航老法師弟子，俗名黃臚初，官拜陸軍中將）帶了一位監察委員丁俊生居士到新竹來拜望慈師，當即保釋了我們師僧回到佛寺。」

不料隔日清晨（七月十四日），即農曆六月十九日，適逢觀世音菩薩成道紀念日，剛做完早課，警察局又來傳訊全部僧人到警局問話，而且不准再營救保釋。然後將師僧十四人分別用麻繩綁著右臂，連串成一排，牽拉著走到新竹火車站，押上火車送到臺北市刑警總隊，情況如同對待罪犯一樣。

到了臺北市刑警總隊，慈老和學僧們被送進拘留所，連同中壢圓光寺也有四位同學被抓捕送到，一共十八人被關在一間拘留所中。淨海法師回憶：拘留所空間局促，每天白飯兩碗，如廁也在裡面，到晚上大家都要蝸曲躬身而臥，外面日夜有監獄人員看守。在拘留所中，慈師照常為諸位法師及同學說法，勸勉大家默念觀世音菩薩聖號，並安慰大家說：「我們都是正派的出家人，遵守國法，自會平安無事。」他們十八人被關在臺北市刑警總隊拘留所中，一天兩餐只能得到兩碗白飯，飢餓的肚子常會發出咕嚕咕嚕的聲音，尤其是年輕僧人。慈師看了於心不忍，有一

晚，就將隨身微薄的信徒供養金拿出，拜託看守他們的人員，到外面攤販買了十八碗素麵，供養大家吃。因為大家都飢腸轆轆，正捧著麵吃得津津有味時，忽然有一位同學舉起筷子挑著一塊細小之物驚叫起來說：「你們看，素麵裡還有些小塊肉屑呢。」當時，慈師反應很快，立刻阻止他再說下去。慈師說：「快吃！快吃！不要再說！」急智用得其時，化解了當時大家的尷尬，讓大家把得來不易的素麵繼續吃完。以後慈師又請大家吃了兩次，當錢用完了，就再也吃不到了。這次的僧難，由於外面有僧俗信眾大力營救，歷時十八天，終於被保釋出來。但還有心悟、蓮航、性如、戒視四位同學，續被拘留兩個多月才被保釋。幸賴護法居士董正之、孫張清揚（孫立人將軍夫人）、李子寬（國大代表）及本省籍的斌宗法師（一九一〇—一九五八）等人全力營救，師僧一行才得以脫險。

據事後知情，這兩次連續被拘捕的僧難，只有限於桃園和新竹兩縣的外省籍僧人被抓，而且是與慈航老法師有關的這一系僧眾。有說是舉報匪諜分子潛伏在僧人中；也有說是被人誣告圖謀擾亂國家社會不安，但在臺北市和中南部的外省僧人並沒有人被捕。由於慈航老法師全力收留大陸學僧，常會引起國民政府的猜疑側目，所以僧難之後只能四處東躲西藏的避開無謂的風聲。當時，只要被密報是匪諜後，

不需經任何法律程序，政府就可以加以逮捕、審訊乃至於定罪下獄。僧難之後，慈航老法師的南洋弟子曾經多次寫信懇請慈航老法師，勸他離開外有戒嚴逮捕，內無援助安居的臺灣。然而，慈老卻仍然選擇待在隨時隨地都有被捕危險的臺灣，因為他說：「我在臺灣一天，你們這班青年僧精神才有依託，將來才有希望，……為佛教也為僧青年作想，我不能拋棄你們而回新加坡。」

自慈航老法師等十八人獲保釋後，很多人都感到不安，大家只好各自散去，各自尋找安身之處，靈隱寺佛學院也無法繼續辦學下去了。只有寬裕、浩霖、清月、戒視、清霖、淨海六人，回到新竹靈隱寺，依止無上法師。一群外省籍的僧青年，離鄉背井抵達舉目無親的臺灣，結果，在三個月的日子裡，不但居無定所，還多次被拘捕入獄，大家心中的惶恐與不安，可想而知，只希望暴風雨般的襲擊能平安度過。

慈航法師躲避風險的情況

慈師與同學們獲保釋後，政府對大陸出家人之中有匪諜的嫌疑，並沒有解除。此時汐止靜修院的達心和玄光兩位住持知道慈師沒有安居之所，她們同時為著佛教

前途，也為了護教護僧，不顧經濟的困難，挺身而出，先歡迎慈公到靜修院安住，而後從長計議要繼續收容大陸來臺的僧青年。慈師到靜修院之後，散居各處的大陸學僧常常前往拜訪慈師而小住。可是僧難事件並未因慈師等被釋放而了結，每隔兩、三天就會有一批刑警要查戶口，甚至嚴加搜查，搜遍靜修院內每一間房屋，要逮捕大陸出家人。達心、玄光兩位住持每每悉心保護，設法找地方讓大家東躲西藏，如躲藏在半層閣樓的小房子裡，或隱避於後山樹林中，或往高山深遠的寺院，或到其他較安全的寺院避難。她們更為照顧慈航法師生活起居，指派妙峰法師（男眾）為侍者；女眾侍者則派修觀和慈觀二人備辦飲食。直到當年九月底，警察抓捕外省籍僧人的風暴才算過去，慈師回到靜修院駐錫，繼續講經弘法。

淨海法師多次被抓捕的經過

淨海法師如此描述自己受到的僧難事件說：「在外省出家人中，我受到的苦難是最多的，一共五次被抓捕入獄囚禁。」在基隆靈泉寺住時被突擊檢查無身分證戶口一次，有匪諜嫌疑兩次，被認為無業遊民兩次。其經過情形如下：

第一次被捕入獄，是一九四九年四月間，在基隆靈泉寺。當時淨海法師剛從

軍營逃出到基隆靈泉寺暫住，才大約過了兩、三個星期，一天夜間大家已經入睡，忽然來了兩個警察敲門，說是突擊檢查戶口。結果在外省僧人中，只有淨海法師一人沒有身分證和未報戶口，就被帶到基隆市警察局拘留所禁閉了一夜一天，到了第二天晚上才被保釋出來。因為晚上天色黑暗，身上又無分文，不認識人，又沒有住宿的地方，淨海法師只能靠著非常微弱的星光和模糊的記憶，摸黑慢慢找回到靈泉寺。

第二次和第三次被抓捕，就是前面提到與慈航法師和同學們一同被帶到新竹警察局問話，之後被囚禁在臺北市刑警總隊。第四次和第五次被抓捕囚禁，是發生在僧難事件稍微平靜之後。主要原因是政府抓捕無業遊民，當時大陸抵臺的僧人，常常會被當成無業遊民。淨海法師第一次因無業遊民被抓，是在僧難事件過了不久，當時靈隱寺安住的六位外省僧人也都被抓，一起被關在新竹監獄超過一個月。拘捕理由是無業遊民，擾亂社會安寧。監獄裡面環境很糟，大約只有十尺見方的牢室裡面，一個糞桶就放在囚牢牆角，供犯人大小便之用，每天只准傾倒一次，臭氣熏人。犯人與外面的人完全隔絕，靈隱寺或信眾送來東西，都要經過看守人員傳遞，不能獲知外面情形，也不得提出詢問，形同罪犯一樣。如此惡劣的環境，六個人吃

喝拉撒睡都在裡面。幸好當時有位住在新竹市東門外，虔誠的佛教徒張四妹居士，很同情這些外省僧人的遭遇，幾乎每天都煮一餐素食飯菜送到監獄，但是餐飯一定要經過看守人員檢查，或行小賄，才能送到僧人手中，她的發心確實感人。如此經過約一個月，六位僧人才經靈隱寺和臺北較有關係的信眾擔保釋放出來。

僧難事件本來應當過去了，可真是不巧，淨海法師又遭到最後一次（第五次）被警察抓進拘留所，原因還是被認為是無業遊民，前後禁閉了一星期。據淨海法師回憶說：「有一天，我去臺北汐止拜望慈航老師（慈航老法師這時候，很歡喜同學們稱他為老師），夜宿山下的靜修院，夜間忽然有警察來突擊檢查，因我沒有依規定至當地警察局申報臨時戶口，雖然有身分證也認為不合法，仍歸為無業遊民一類，就被警察帶到汐止警察局禁閉在一間小牢房裡一夜。第二天就被警察轉押至臺北縣板橋一所學校，用為臨時無業遊民收容所，禁閉在學校一間大禮堂裡面。那裡有許多無業遊民都坐臥在地板上，環境混亂吵雜。我張目四處一看，發現親近慈航老法師的圓明法師和妙峰同學，也被抓進來關在這裡。我走去向他們打招呼及問訊，才知道他們是在前一天被抓進來的。」

淨師回憶說：「當時我們三人各有不同的表情，顯示三人不同的心理情況：圓

明法師也許經驗多一點，年齡稍大，見過大風大浪，比較鎮靜。他說：『我們出家人被抓了，以前我在外面弘法很忙，東奔西走，現在被抓了雖然是不得已和無奈，但是反而覺得比較安閒，可以完全放下休息。』一副氣定神閒的模樣，一點也不緊張。妙峰同學卻始終表現一臉愁苦的樣子。然而他們二人次日就被保釋出去了。只有我在裡面被關了約一星期，期間有時與別人說話聊天，或與人下象棋，可說是苦中作樂，遣發時間。如果只一味想到痛苦和悲傷有什麼用呢？後來我也被保出來了。」一面對牢獄之災，淨海法師心情還是比較坦然的。

當時有一位聖德法師（一九一四—二〇〇一），大陸人，俗名陳師潛，因在青少年時，飽讀四書五經、詩詞等，後任過中學教師，一九三九年從政，為人正直，做事認真，不屑官僚逢迎，遂辭公職，一九五〇年於靈隱寺依止無上法師出家。爾後無上法師任新竹佛教支會理事長，聖德法師被任祕書，後遭人構陷，受到憲警扣檢多次，被判刑十年。那時對匪諜防範嚴密，寧可執行錯殺一百的嚴刑峻法是非常可怕的。聖德法師出獄後，潛心教義，著述論作講學。

另外一個大陸出家人，法名廣仁，是慈航老法師的徒孫，也是出家前，官拜中將的律航法師的徒弟。他沒有在汐止彌勒內院住過，只是對政府有一點牢騷，就常

常被調查，之後被抓了，在監禁期間能被保釋出來，得力於律航法師和其認識監察委員丁俊生居士的大力說項，否則會有大苦頭吃。

當時大陸來的僧人由於常被懷疑通匪，或是無業遊民攪亂社會，動輒被抓去審問坐牢。有的被抓的次數不多，但有三、四位一關就是五個月。淨海法師對於無緣無故被逮捕入獄五次，回憶起來卻很平靜地說：「我的運氣還算好，五次被抓，總共被關的時間加起來也沒有超過兩個月。有一次被拘留最長的時間大概是一個月左右，原因是被認為是無業遊民。」

法師五次被捕入獄，五次被保釋出來。擔保各有不同的人，有些透過律航法師的關係，但也都還是和慈航老法師有關，真正能出來擔保的人，還是慈航老法師或是受慈航老法師的請託。淨海法師說：「人家都看慈航老法師的面子才肯出來擔保，擔保人是不會認識無名小僧的。如果沒有人擔保，前途真是不堪設想，一定命運多舛。」

後來淨海法師又怎麼會有身分證呢？因為在大陸時，常常需要換發身分證，有些大陸抵臺的僧人，身上帶有兩張或三張身分證。而且當時大陸發放身分證的規格制度非常混亂，品質良莠不齊。各縣市製發不同的身分證，完全不統一。有些製作

的比較正式的身分證，也有很多的縣市作的不是很嚴格，只是隨便在照片上蓋個章而已。那時候青年學僧如果知道誰有多的身分證，就請他慷慨拿出來，幫助別人解決身分問題。

但是由於各人的身分證，姓名不同，所用照片各異，年齡也會相差很多，要借用別人的身分證使用，必須加以改造，更改姓名和照片。所幸那時候大陸所用照片也不講究，頂多在照片上蓋個印章而已。所以，當時淨海法師就把他人的身分證舊照片拿掉，換上自己的照片貼上去，然後就用個銅板按蓋兩個印紋，改填上自己的名字，年齡相近和籍貫就不改了，然後去到基隆戶籍服務處申報戶口，取得了身分登記。

淨海法師還想起一件很可怕的事情：臺灣社會當時因為白色恐怖，風聲鶴唳，人心惶惶，保密防諜是件很重要的大事。政府後來故意派一個很虔誠的佛教徒，到彌勒內院親近慈航老法師，並且和同學僧們同住、生活在一起，隨時在近距離觀察記錄密報。還好那個時候生活雖然艱苦，卻沒有什麼太多的牢騷。如果當時隨便發牢騷或是對政府表示任何不滿，就會被栽贓成是反對國民黨，反對政府，為共產黨作宣傳。或者無意中講什麼壞話或是稍微同情共產黨，只要說幾句不利政府的話，

可能大家全部都遭殃。經過約一年多，後來慈航老法師閉關了，那個人就突然無緣無故消失了，沒有再現身過。淨海法師說，回想起來，這件事真是可怕極了。

七、淨海法師面臨徬徨與抉擇

一九四九年七月，暫住於新竹靈隱寺的師僧，歷經兩次僧難的衝擊和警察不時地盤查拘捕的騷擾，而且佛學院也無法繼續興辦，大家只好分散，自修研究，藉息風波。

寬裕、浩霖、清月、戒視、清霖、淨海六位法師，又回到靈隱寺安住，依止無上法師。

六人在靈隱寺安住下來後，已不是學僧身分，而是成為常住僧眾。無上法師慈悲，非常同情外省僧人的遭遇，並沒有派遣他們做很多粗重的工作或苦役。淨海法師說：「做早晚課誦，是每個僧人本分之事，但我們是當時常住最年輕有力的男眾，所以自動每天輪流幫忙汲取井水，挑擔到廚房，有時也擔糞到菜園，由女眾種菜施肥，隨大眾出坡。因為不做苦役，也就不領單金。有時信眾或俗人送來去世之

人的靈骨，要先誦經才入塔，我們就輪派兩、三人參加，無上法師在中央做主，我們在兩邊助打法器等，有時也分給我們一點供養。」

淨海法師等六人住在靈隱寺，還是常常受到當地派出所的監視和調查，警察總是不時出現在身旁，尤其是淨海法師因為使用偽造的身分證，心理上的不安和精神上的威脅，造成很大的壓力。因而有離開寺院，到外面另找機會發展的想法。淨海法師於是向無上法師告假，想往臺北找機會。到了臺北市，卻也沒有去向目標，不知何去何從，無處可安身，後來想，還是去報名當兵吧。在士林見到有一連駐軍，就進去問：「收不收當兵的人？」當時逃兵很多，有兵逃走了，就有個空缺出來。如有人去報名從軍，就順位頂替那個空缺名額，所以軍隊也就收留他，又當起一名小兵了。雖然第二次當兵沒有那麼辛苦，但是也不是那麼順利，感覺沒有前途。在軍營中，沒有嚴格的紀律，受不到好的軍人訓練，那時淨海法師才十九歲，想想再繼續在軍中這樣待下去，也不是辦法，所以過了兩、三個星期，又從部隊裡逃了出來。

第二次從軍隊出來之後，淨海法師就去做小工。臺北當時很多的基礎建設正在進行，他特別找個政府機構打工，心想那些地方比較安全。正好臺北圓山忠烈祠附

近有間營造廠招工，他就跑進去問他們願不願意收留當小工。做了一個多月，一天工資是舊臺幣四萬元，看起來好像很多，但是換算起來，正好合抵新臺幣一塊錢。好在那時他身體很好，身強力壯，力氣很大，可以搬東西，挑磚擔瓦，建築再高都要挑上去。做了約一個月，覺得日子過得還可以。

淨海法師那時住在工寮裡面，通信雖然不便，但他還是時常寫信給同學和無上法師報告情況。有一天印海同學上門找他，看到淨海法師那時候或許因為有工資支持，生活比較安定，也沒有人盤查身分證，相對比較安全，所以做得還滿愉快的。但是，印海法師覺得出家不容易，所以苦口婆心地勸淨海法師，告知現在外面比較安定，不抓出家人了。他勸淨海法師還是回到原來住的寺院，做工也沒有什麼前途，頂多只是賺錢而已。淨海法師聽了印海法師的話，也沒有多想，就辭了工作又回到新竹靈隱寺。

淨海法師住下來之後，不久就登報身分證遺失，重新申請補發了身分證，長期以來，「沒有身分證」的困擾終於獲得解決了，這樣一顆心也才安定下來。淨海法師在新竹靈隱寺無上法師那裡，進進出出（由於身分證問題被捕與短暫去社會上打工），前後大概待了三年的時間，對無上法師有分感恩和懷念之心。淨海法師說：

「無上法師非常地慈悲，對我來來去去一點也不介意。我要走他不會挽留，要回來也就收留。不會說離開了，以後就不可以回來。當然也是同情我的遭遇。」無上法師在臺灣政局混亂、佛教轉型的關鍵時刻，打開靈隱寺的大門，接納無處棲身的大陸僧青年，積極興辦佛學院，對臺灣佛教有很大的貢獻。

到了一九五〇年春，臺灣時局稍微穩定下來，白色恐怖僧難事件，無業遊民之事也已經過去，以及當地派出所警察也不常來盤查他們大陸僧人了，這時候淨海法師等六人，雖然生活仍很清苦，但比較輕鬆自由，在臺灣居住漸能適應下來。當時，他們都很年輕，除了參加常住早晚課誦及工作外，因為靈隱寺佛學院不辦了，沒有老師教課，空閒時間比較多，這時候他們漸漸有機會向外面增加一些活動。首先想到的是解決個人經濟的問題，不像初到臺灣時，連買幾張郵票寄信的錢都沒有，於是他們一、兩位同學，分批請假外出到臺北，找個地方掛單，做幾天經懺佛事，或參加一個多天的法會，就可賺到一筆單金。各人有些錢了，就計畫一、兩人或二、三人成一組，到臺灣一些風景區旅遊，譬如，中部南投日月潭的湖光山色，南部嘉義阿里山的雲海日出，及觀看三千年以上的神木（紅檜），臺南關仔嶺觀賞水火同源，花蓮太魯閣奇絕的風景等，以及一些著名的寺院和古蹟。旅遊，讓這些

青年僧們心情怡樂，也開闊了心胸。

他們在靈隱寺時，偶爾也會去新竹市街上的租書店，租借一些中國古典小說，如四大名著《三國演義》、《紅樓夢》等，以及現代中外小說、散文、新詩文藝名著等。淨海法師說：「用一人的名義租回來，大家可以輪流閱讀，真是很划算，看得很有趣味，而這些作品書籍，是我們以前在大陸佛學院讀書時，絕對被禁止的，如偷看被查到了，是要受到很重的處罰。」

人與人之間的因緣，常讓人覺得不可思議。淨海法師等六位外省籍僧人在靈隱寺住定不久，一天浩霖法師前往新竹街上為大家購些日用品，在街上遇到一位女信徒，名叫張四妹，年約五十多歲，會講國語，兩人相談後非常有緣，稍後也介紹張居士認識其他五位大陸青年僧。張居士家住新竹市東門街，有一棟三層樓房，樓下一層出租給他人做生意，收租金，中間一層自己住，有時她的一對兒媳也回去住幾天，第三層樓，後座設有廚房，水電、瓦斯俱全，中間隔一個小天井，前座是一個有十個榻榻米的大房間。張四妹居士雖然是佛教徒，但平常很少到寺院參加法會等活動，也未去神廟拜拜，卻深深同情住在靈隱寺的六位青年僧，初到臺灣逃難的困境。所以她將家裡的第三層樓，闢為供六位青年僧使用的客房。不管他們一人或多

人到她家，她都備辦豐盛的飯菜供養，青年僧有病，找醫生治療，也可到她家寄住幾天，非常方便。張四妹居士熱心地護持與供養，令幾位初到臺灣的年輕僧人，感覺就像流浪者回到家一樣地溫暖和安慰。後來當他們六人被新竹警察局抓起來，關在新竹囚犯監獄約一個月期間，張四妹居士幾乎每天中午都煮一餐素食，送到監獄給他們吃。

所以後來淨海法師居住在外國，每次回到臺灣，都到新竹看望她老人家。張四妹居士於一九五四年，五十八歲時發心於新竹獅頭山元光寺受戒出家了，法名願航字號慧常，剃度常住是新竹鳳山寺。後來年老時寄居在一層樓房的俗家，身體老而彌健，生活平淡樂

淨海法師探訪願航老比丘尼（張四妹居士）

觀，每次見到淨海法師前去探望，她都非常高興。

新竹青草湖，為新竹八景之一，位於新竹市東區，而靈隱寺就在青草湖之畔。較早時期，即一九二五年，是先建有「感化堂」，供奉諸葛孔明，因此也稱孔明廟，是屬臺灣齋堂（齋教的一種）廟宇，後來齋堂漸衰落，漸漸變為佛教化。一九三二年，在感化堂後面又加建了靈隱寺，自此而以寺著名。

無上法師於一九三三年在新竹靈隱寺發心出家，日後一段時間內，曾任靈隱寺「住職」，這是日本佛教當時對一寺負責人的職稱，直到一九五二年才正式擔任靈隱寺第二代住持。

淨海法師等六位青年僧住在靈隱寺的時候，所謂「青草湖」，雖有其名，實際上湖面並不是很大，只是高地和小山之間一條細長的溪流，到下大雨的時候，水流才比較湍急，自靈隱寺左側流過（在靈隱寺看不到溪流）。向下游約一公里許，在柴橋里而形成一個較大的水潭，早期就稱它為「青草湖」。

淨海法師對這一條溪流，有著深刻的印象，因為他是於一九五〇年夏天，在這條溪流裡，自己練習學會了狗爬式的游泳，而且之後每年夏天，也時常到溪裡游泳，但他五位同住的同學都不喜愛下水，所以找不到游泳的同伴。淨海法師特別提

到：一個不會游泳的人，獨自下水學習游泳，是很危險的事，要特別注意安全。在他幼年八、九歲時，曾跟大哥、二哥下水學習過游泳，但在未學會前，因母親忽然去世，就出家去了。到了臺灣再學習游泳，依稀記得一些方法和要領。淨海法師說初學游泳的人下水，尤其獨自一人，要先在岸邊水淺處學習，水深絕不能滿過胸部。所以在清澈的溪流裡淺水之處，他找到一個水深約一公尺的小潭，才下去學習，不久就學會了。

淨海法師回憶，他們同學二、三人，有時會結伴在湖邊散步，從靈隱寺往上游走，約一公里多，就到了客雅溪，大家沿著溪邊行走，但不知道最上游有多遠。如自靈隱寺往下游走，走三、四公里就到新竹市區，不知道溪流下游水流到哪裡去。靈隱寺旁的青草湖，為幾位青年僧的生活，添加了清新的氣息。

新竹青草湖水庫於一九五六年興建完成，原為客雅溪中游形成的牛軛湖，為了輔助香山地區的灌溉用水，中央出資興建青草湖水庫。水庫壩高十七公尺，壩長一四九公尺，並興建了壩環湖橋（後改名鳳凰橋），兼具觀光、防洪之多功能水庫。百年前這帶本是一個小湖泊，而建成水庫後，成了湖光山色的美景。雖然湖面不是很大，四周卻有大小寺院林立，草木蒼翠，其中靈隱寺鄰近在湖邊右側，具有莊嚴

殿堂、雙塔、多座石燈，且有紀念高僧大醒法師的隨緣塔，及無上法師舍利紀念堂等，尤為著名。

八、大醒法師在靈隱寺初創的臺灣佛教講習會

一九五一年五月，臺灣省佛教分會在臺北善導寺召開理監事會議，討論因圓光寺臺灣佛學院停辦後，為繼續開辦佛學院，培育弘法人才，提議增聘數人為籌備委員，無上法師獲選為籌備委員之一。一九五一年秋，無上法師邀請在新竹香山一善寺養病的大醒法師，到靈隱寺創辦「臺灣佛教講習會」，於是在《人生》第三卷第十期上發布「臺灣佛教講習會」招生簡章。

招生簡章發布後，結果報名的學生女眾比男眾多，學生總數約達到五十餘人，大醒法師不忍拒絕女眾，就編在同一個班上課，於一九五一年十一月十六日舉行開學典禮，因為大醒法師的聲望，到有章嘉活佛及政教要員蒞臨參加，盛況極是隆重。

十二月十二日適逢蔣經國母親毛太夫人冥誕。蔣先生禮請大醒法師率領一班青

年學眾比丘，往觀音山凌雲禪寺為毛太夫人誦經祈福。於是大醒法師帶領學生，搭著貨車一路顛簸到觀音山凌雲禪寺，為毛太夫人虔誠誦經。佛事做完，受到一筆供養金。院長大醒法師想讓學生儀容整齊，便公告大眾要動用那筆供養金，為大家購買羅漢鞋等。部分學生認為他們需要的是錢不是鞋子，於是某位同學就走到公告欄前，將公告撕下，院長知道後，極為生氣。大醒法師原患有高血壓症，十二月十五日，於上課寫黑板時，突然感到不適，學生發現不對勁而上前扶持，院長隨即陷入昏迷，經醫生診治，是半身不遂，於是同學輪流看護，略有好轉。到一九五二年一月二十九日，由靈隱寺遷到臺北鐵路醫院，住院一個多月後，亦無起色，醫院催促出院，因而就轉到臺北善導寺療養，請了居士及工友照顧，於一九五二年十二月十三日圓寂。

臺灣佛教講習會開學不到一個月，院長大醒法師驟然中風病倒，暫時由圓明法師代理主持臺灣佛教講習會。但圓明法師此時正準備赴日留學，因此圓明法師建議邀請香港演培法師來臺主持，由李子寬居士負責辦理。在無上法師尚未找到適當人選擔任教務長之時，過渡期間則由星雲、心悟、心然三位法師主持。

這是初創臺灣佛教講習會的情形，此時淨海、清霖等法師仍住在靈隱寺，報

名就讀為臺灣佛教講習會第一期學僧。到一九五二年二、三月，臺灣佛教講習會再發出招生通告，淨海法師等則未再報名就讀。而且不久淨海法師與同學就離開靈隱寺，去到汐止彌勒內院再度親近慈航老法師。

無上法師雖是個樸實僧，但興學育僧與續佛慧命不遺餘力。早在臺灣還在日本統治的殖民時代，他就撰有《臺灣佛教之興衰》直砭宗弊。無上法師為了續辦僧人教育，除了禮請慈航老法師外，後來又曾邀請過大醒、演培、續明諸法師辦學，對臺灣佛教教育非常具有貢獻。星雲法師在一九五一年曾任新竹靈隱寺「臺灣佛教講習會」的教務工作，對無上法師也有類似的描述：「他給人家的第一個印象，實在是不像住持，衣服明顯的修補痕跡，乍看像似破爛，沒有受過正式教育，十足像個鄉村的老農，……當時，以一個沒有讀過書的人，願意把『臺灣佛教講習會』，無條件設在靈隱寺，每天要籌措講習會師生五十多人的生活費用，在那窮苦的時代，除非是真發大心，否則實在不容易。」仁俊法師稱讚他將臺灣僧教育「辦出味來」，有「一挑上肩，決不想放下來的精神」。

大醒法師腦溢血臥病後，無上法師並不灰心，「臺灣佛教講習會」繼續邀請演培法師由香港來臺主持，第一學年第二學期改名為「臺灣佛學講習會」，開辦之

後，經費遭遇困難，幾經波折，仍堅持三年課程為一屆而結束，可能是當時佛學院第一次有始有終的完成課程教授而正式有學僧畢業。一九五七年冬，無上法師再度商請印順導師、演培法師及續明法師辦學，以印順導師為導師，無上法師為院長，續明法師任副院長兼教務主任，一切經費由無上法師自靈隱寺常住開銷，並得到竺摩法師、廣範法師、隆根法師、演培法師及眾多居士的資助，直至一九六一年，再完成三年一屆的佛學課程。這在當時經濟困頓的年代，能夠有六年二屆穩定的時間，好好栽培僧才，完成學業，實乃對臺灣佛教教育有巨大貢獻。

民國四十一年（一九五二年），印順導師受李子寬居士的邀請到臺灣辦學，後來會選在新竹成立道場（福嚴精舍），不但在人脈上是因演培法師和續明法師在新竹授課有關，也是和無上法師的「臺灣佛教講習會」有地緣便利之故。靈隱佛學院名義上的導師是印順導師，經費和辦學上面對印順導師和其學僧來臺給予很大協助，也因此使得印順導師能夠安心常駐臺灣著述講授，對臺灣後來的佛學研究開啟一扇大門。

最不幸的是，無上法師因為還俗的師父鄭保真，經常向無上法師索錢要東西，讓法師很感頭痛。無上法師拿不出錢，鄭保真就用流氓的手段要挾逼迫。一九六六

年三月二十六日，發生無上法師因中毒吐血而死，這是一件很不幸悲慘的事。

無上法師對臺灣佛教的另一個間接貢獻，就是嘉義香光寺的創建者悟因法師。悟因法師一九四〇年出生，一九五七年依止新竹靈隱寺明宗法師披剃。明宗法師是依新竹靈隱寺常圓比丘尼出家，常圓法師又是無上法師徒弟，這樣算起來悟因法師就是無上法師的曾徒孫。悟因法師於一九六三年畢業於白聖長老創辦的中國佛教三藏學院，之後再依止高雄興隆寺天乙比丘尼（俗名洪金珠，一九二四－一九八〇）修學。天乙比丘尼曾親近慈航老法師及白聖長老。悟因法師成立「香光尼僧團」，一九八〇年創辦香光尼眾佛學院，推動佛教教育，是培育女性宗教師的重要人物。

九、慈航法師興建彌勒內院的經過

一九四九年秋冬，慈師駐錫靜修院後，許多社會賢達、高官貴人等，時常到靜修院拜訪慈師，請教佛法，或乞求皈依三寶，靜修院又一天天的興旺起來。到年底除夕夜，達心和玄光二位住持煮了很豐富的菜餚，晚上大眾圍爐吃年夜飯，慈師靜靜地坐在位置上，有些不樂，不肯下筷而感嘆地說：「今晚我在這裡吃得這麼豐

富的菜，不知他們（指學僧）此時過的什麼生活？吃的是什麼？」慈師說到這裡，眼淚有些落下，望著兩位住持繼續說：「你們發發心趕快想辦法，建一所簡單的僧舍，供給大陸來的僧青年集合在一起，安心求法，即功德無量！」兩位住持深受慈師的悲心感動，即隨口答應說：「好！請師父放心，……過了年我們一定滿師父的願！讓你們師僧共住一堂！」慈師立刻高興用餐了。

到了一九五〇年秋，慈航老法師因得到汐止靜修院達心、玄光二位尼師的護持，在後山上創建的「彌勒內院」落成後，分散居住在各地的大陸青年學僧，才又紛紛來山聚集，得再親近慈師，最盛時同學達到二十三位，包括：了中、以德、心悟、心然、幻生、印海、自立、妙峰、宏慈、戒視、果宗、

汐止靜修院達心法師（左）、玄光法師（右），迎請慈航老法師（中）。

真華、能果、浩霖、常證、清月、清霖、淨良、淨海、唯慈、寬裕、廣元、嚴持。老師三位：慈航、圓明、道安。其他：靈根、律航、林希岳（居士）。連其他共住者將近三十人，都是大陸來臺親近慈師的外省籍。慈師曾宣布說：「建立彌勒內院，完全是為了教育僧青年，是僧伽的真命脈，是佛法的繼承人；是人類的大明燈；希望大家永久維持，完成偉大的功德。」其實當時彌勒內院，是非常簡陋的，僅有房屋三間，約二、三十坪大，中間是佛堂，兩邊是通鋪廣單。慈師跟學僧同睡在一起，相隔僅掛一件袈裟，吃飯也同在一起，甘苦共嘗。慈老熱心帶領著學僧，教導學僧，直至一九五二年夏，每日為同學們講課四、五小時。這時是彌勒內院的黃金時期，大有「集英才而教之」的新氣象，也是慈師精神最愉快的時期。淨海法師也在這個時期，回到彌勒內院，親近慈師，聆聽慈師為學僧講解《唯識》、《楞嚴經》等課程。有一段時間，慈師每日上午在彌勒內院為同學上課，下午便到山下靜修院為僧俗信眾講經。

一九五二年，彌勒內院左側廂房建好，慈航老法師於農曆九月十九日掩「法華關」進入關房，每日早晨四時即起，早課、禮拜法華懺。早餐後，為彌勒內院同學，靜修院女眾，講授佛學課。下午編著《成唯識論講話》、自修、晚課等。但到

以德法師（左起）、果宗法師、寬裕法師、清霖法師、了中法師、宏慈法師、淨海法師攝於彌勒內院。

第二年夏，彌勒內院學僧有了一些變動，有些同學相繼離去，先後計有心悟、心然兩位法師去到臺北圓山臨濟寺安謐地自修；浩霖、能果、印海三位法師，去社會大學旁聽國文、哲學等課程；幻生、妙峰、果宗三位法師則去新竹福嚴精舍學習日文，準備親近印順導師；唯慈法師也離開了。他們的出去學習，慈航老人雖然表面上處之泰然，不動聲色，甚至還勸勉鼓勵說：「求佛法、求深造，是我最歡喜的事。」但慈師老人總覺得失去什麼似的，隱藏在內心中，可能是一個很大的打擊。

直至一九五三年十二月間，慈師大病一場，一日召集同學們在關房外

講話，勉勵大家修持身心，研究佛法，最後沉痛地說：「我將來命終時很快，恐怕來不及和你們談話，所以預先召集你們來談談。」同學們面面相覷，都覺得慈師身體，不致如此。但到一九五四年五月六日，慈師忽然在關房中腦溢血而圓寂。慈老示寂，於三日後入龕，面容如生，身軟如綿，胸口尚有微溫等等瑞相。

慈航法師親書遺訓：「奉勸一切徒眾，時時反省為要，每日動念行為，檢點功過多少。只要自覺心安，東西南北都好，如有一人未度，切莫自己逃了。法性本來空寂，因果絲毫不少。自作還是自受，誰也替你不了。空花水月道場，處處時時建好，望爾廣結佛緣，自度度他宜早。」

慈航法師圓寂後，居住在山上的學僧漸漸分散，仍有部分同學繼續留在山上。靜修院兩位老比丘尼住持，因受慈師在世時之囑託，仍繼續護持山上的彌勒內院，主要是提供飲食所需，油、鹽、柴、米及蔬菜。由於慈航老法師的餘蔭，他受人崇敬，仍有不少信徒繼續護持靜修院，提供他們及彌勒內院生活上的改善。慈老示寂後原定三年後開缸，但延至第五年才正式開缸，肉身不壞，留下全身舍利，成為臺灣第一尊肉身菩薩。

十、慈航法師學風與門下優秀僧伽菁英

淨海法師說：「慈師老人圓寂太突然、也太早了，留下很多一切尚未成熟的學僧，頓時失去依怙。猶如瓜藤結了很多瓜，要成熟了而尚未成熟。幸而後來大多數同學依靠自己不斷地努力，勤學自修，或有些同學再去親近印順導師等，終沒有辜負慈師的希望，在臺灣上世紀七〇年代至二十一世紀年代初，都成了佛教界青壯中生代的菁英，佛教中堅人物，法門龍象。」

一九五四年慈師圓寂後，擔任彌勒內院導師的道安長老，是於一九五三年由香港抵臺，依止慈航老法師，駐錫汐止靜修院，並主持靜修院佛學院。道安法師的學養俱佳，在大陸時期即廣為佛教人士知曉，當他抵達臺灣時，僧伽教育正在起步的臺灣佛學教育主事者，無不全力爭取。道安法師著作等身，為佛法貧瘠的臺灣，注入了相當程度的活水。

彌勒內院第二位導師律航法師，在俗官至陸軍中將，六十歲赴臺，一九四八年冬依慈航老法師出家。師出家不久，適匪諜朱某（後伏誅）為掩飾其潛伏工作，

嫁禍大陸來臺僧人，媒孽是非，幸師與立法委員董正之、監察委員丁俊生，合商對策，卒賴師力，解除僧難。一九五二年秋於白河大仙寺受比丘戒，翌年任臺中慈善寺住持。律航法師虔誠專修及弘揚淨土法門。

達心尼師與玄光尼師，一九三五年一同住持汐止靜修院。二位尼師獨具慧眼，膽識過人，於一九五〇年白色恐怖戒嚴時期，不畏時艱，護持慈航老法師及一批大陸來臺僧青年，發心於靜修院後山興建彌勒內院安置師僧，並負責慈師三十多人的生活，修學與弘法。一九五二年創辦靜修女眾佛學研究班，聘道安長老為主任，是當時臺灣佛學教育的重鎮。一九五四年在臺北創建菩提講堂。

自立法師於一九四九年正月，約同武林佛學院同學唯慈、幻生二師，三人乘中興輪抵達臺灣，投奔慈航法師。他們三人是大陸戰局惡化時，自上海最早抵達臺灣的學僧。自立法師在內院受學時，深受器重，命他兼管內院一切事務，自立法師為人老成持重，寬厚忠誠，任勞任怨地為大眾服務，同學們稱他為「長老」。自立法師後來受聘至菲律賓，在馬尼拉普賢中學任教及弘法。唯慈法師親近慈師，青年好學，後來同時受聘至菲律賓，在宿霧普賢中學任教及弘法。幻生法師先後追隨慈航老法師、印順導師，常為佛學院學僧、信徒授課，精於講解因明學和唯識學，著作

思維細密。妙峰法師親近慈航老法師、印順導師，後赴美在紐約弘法五十餘年，擅長散文、詩詞、書法等。

星雲法師在慈師門下親近慈師的時間不長，在臺灣開創佛光山，廣建道場弘法，遍布世界五大洲。了中法師是同學中比較年輕的一位，聰明活潑，心地直率，他說話風趣幽默，能給同學們帶來歡樂，深得慈師器重。了中法師後來擔任善導寺住持，中國佛教會祕書長，繼白聖長老開創了玄奘大學。

寬裕法師親近慈師多年，於一九七四年受師友同學共推晉山為彌勒內院住持，發心中興彌勒內院，重建三層宮殿式樓宇，並增建禪堂、齋堂、講堂、圖書館、客堂、僧寮等多處，是復興彌勒內院的一大功臣。浩霖法師，為人厚道，重情義，當同學或朋友有困難時，都能義不容辭地給予道義幫助，後受聘至紐約弘法，創建東禪寺。印海法師親近慈師及印順導師，勤奮好學，為人謹慎戒微，初在臺灣服務印順導師門下住持和講學，後至美國洛杉磯創法印寺弘法，翻譯很多日文佛教名著出版。

廣慈法師也是沒有直接從慈師聽課受教，但受慈師蔭護保持僧籍，因他嗓音好，精於唱誦和敲擊技藝，三十一歲在天寧寺當上維那，到臺灣後，把全副精力投

放在梵唄的教學及研究上，成為臺灣梵唄海潮音的傳播者。真華法師北方河南人，到南方參學，人稱侉子，他赴臺後親近慈師及印順導師，因年齡稍長，同學稱他為老大哥，直心坦言，國文基礎深厚，文章平鋪直敘，渾然天成，不事雕琢，表現力極強，為學為道毅力強。

淨良法師於一九四九年二月隨心悟、心然二師進入臺灣佛學院親近慈航，先後在靈泉寺佛學院學習，旋又回歸汐止彌勒內院慈航菩薩座下聽教，一九五三年北投彌陀寺動土興建，一九七三年出任臺北縣佛教會理事長達二十六年。一九八一年出任中國佛教常務理事兼祕書長。一九八二年出任臺北市佛教會理事長，並以常務理事兼任兩岸交流委員會主任委員，致力於建立兩岸教徒法誼，頗有貢獻。

廣元法師一九四九年至臺，初聞佛法後，於一九五二年冬季禮律航上人披剃為僧，常住汐止彌陀內院，修學佛法。一九五四年其師公慈航菩薩圓寂，即發心在慈公塔旁結廬護塔五年，經禪之餘，習染書畫有成。曾於一九六二年秋，於臺北市中山堂舉行首次書法個展，轟動藝壇，深獲好評。臺灣樹林山佳淨律寺的創辦人、住持。

在慈門下優秀的僧伽，也包括不少臺灣籍的僧尼：

會性法師臺灣人，擔任過斌宗法師的侍者，也隨侍過慈航法師，到各地講經弘法，擔任閩南語、客家語的翻譯。由於記憶力超人，靠自己的用功勤奮，成為佛教一位最有解行的大德法師，閱遍三藏，精通教義的人，勤於教學及著作，遂有《蕅益大師淨土集》、《大藏會閱》之不朽大作行世。

智道比丘尼曾親近慈師，會普通話、福建話、客家話、日本話，很有語言天才，講經說法生動活潑、口才頗佳。尼師性格豪爽、率直，美言讚歎，護持外省僧人。修觀、慈觀二位比丘尼，親近慈航老師多年，學習成績特別優秀，慈師為大眾講經時，由她們擔任臺語翻譯。後負笈日本深造，回國後長期主持弘法及自勵進修研究，講經說法兼用國語及臺語。

淨海法師回憶在彌勒內院慈師老人座下的同學說：「慈師熱心教育我們同學，都希望我們將來能成為有用的人才，法門龍象，為佛教做大事，能青出於藍而勝於藍，中國佛教才有前途。後來他老閉關了，講課就少了，但他還是鼓勵我們自己多讀經看書，自求上進。」

一九五九年時，淨海法師自忖，在臺灣過了十年，自己也已二十八、九歲了，有時候覺得前途茫茫，不知道要選擇往哪裡走，很多時間都浪費過去了。後來剛好

有交換僧伽留學僧方案的機會出現，雖然又是一個不可知的未來，但自己想想，也就決定去泰國讀書了。

參

深入法海

——泰、日留學時期

（一九六〇—一九七一）

民國以後，留學泰國的華僧，根據資料記載，民國二十四年，悲觀、等慈、性教、覺圓等四位法師曾發起組成「暹羅留學團」，由悲觀法師為團長，並得戴季陶、張靜江、葉玉甫等外護資助，遂順利成行。等慈、悲觀等他們抵暹羅，暹羅政府極為重視，特指定暹京著名大寺越嗎哈他，意譯即大舍利寺（Wat Mahādhātu）為修學場所。並獲中華佛學研究社護法。後以各人意見不合，悲觀轉往緬甸，性教、覺圓亦他去。唯等慈一人仍留暹京，修學五年。之後，就未見有華僧留學泰國。

一、赴泰讀書

大約是一九五八年，演培法師至泰國、南越（當時越南已經分為南越和北越）等地弘法。當他在泰國與南傳佛教高階層出家人接觸時，建議成立交換僧伽留學僧方案，可以促進兩國佛教文化交流。當時泰國有兩座佛教大學，一稱皇冕佛教大學，一稱朱拉隆功佛教大學；其中朱拉隆功佛教大學校董主席，也是大宗派大本山大舍利寺住持的著名佛教學者高僧披莫丹（Phra Phimontham）同意臺灣可派一、二名青年僧至泰國讀書。

師友同學集會於臺北善導寺，歡送淨海法師赴泰留學。

演培法師回國後，將此消息告訴一些青年僧同學們，但當時因大家對屬於南傳佛教的泰國佛教情況不甚了解，唯恐人地生疏，文化背景不同，生活習慣不能適應，無人報名爭取。淨海法師知道後，因覺得自己年近三十，仍一事無成，倘若能爭取前往泰國留學，應是一個謀求上進的好機會。於是淨海法師就自告奮勇地向演培法師自薦爭取，希望能獲得推薦。結果當即獲得演公應允，淨海法師甚感歡喜，並獲極大的鼓勵。然後經中國佛教會批准推薦，向泰國朱拉隆功佛教大學申請入學證明書。獲得

入學證明書後，再向中華民國內政部申請辦理出國留學許可（當時出家人留學不經過教育部），最後再向泰國政府申請入境簽證。好事多磨，未料辦理出入境及申請入學手續，就耗費了將近兩年的時間，直到一九六〇年八月才獲得批准，淨海法師隨即啟程赴泰。

淨海法師於八月十九日上午抵達曼谷廊曼機場，下機後，看到很多華僑佛教徒在機場迎接，包括當時駐泰大使館的主事陳漢鼎先生、龍華佛教社理事長廖振祥居士、監事長馬子鳴居士等，還有曼谷四大華文報社都派了記者到機場採訪。華僑的熱情，令法師非常感動。

掛單龍華佛教社

一行人離開機場後，即驅車前往位於曼谷市區的龍華佛教社。佛教社理事長廖居士告訴淨海法師，日後法師在泰國，有關生活所需，素食、袈裟、文具、書籍、日常用品等，一切都由龍華佛教社發心供養，要法師安心求學。並安排法師先住在佛教社學習泰文，為進入泰寺讀書做準備。他們為初來乍到異國留學的淨海法師，所做的周詳考量安排，讓淨海法師消除了心中的些許不安。

陳明德教授（左一）與廖振祥居士（右一），陪同淨海法師（左二）拜訪朱拉隆功佛教大學校董主席披莫丹長老（右二）。

淨海法師到泰國讀書，繁雜的入學手續，多虧廖居士和任教於皇冕佛教大學的陳明德教授協助辦理。陳教授並建議淨海法師，先學習基礎泰文，等泰語有了初步的基礎，再到泰國佛寺受南傳比丘戒，受戒後就住在泰國佛寺裡，學習巴利文，待有了相當基礎，即可正式進入朱拉隆功佛教大學就讀。陳明德教授同時安排並陪同淨海法師前往大理石寺，拜見泰國僧王聖智種，及赴大舍利寺拜見朱拉隆功佛教大學校董主席披莫丹長老。僧王聖智種，非常慈悲和藹，除了垂詢淨海法師的出家戒臘及生活適應種種，並祝福法師在泰國研究修

學圓滿。校董主席披莫丹長老，年約六十歲左右，態度慈和安詳。他非常關心中國佛教的情況及淨海法師的學業，鼓勵期望獲得畢業後，可以留在學校講授北傳大乘佛法。

初抵泰國，一切情況對淨海法師來說都很陌生，但泰國畢竟是個佛教國家，佛法非常興盛，人民普遍信仰佛教。法師在參觀泰京佛寺時，處處可見身披黃色袈裟的僧侶。他們大多還保持著佛陀住世時的生活型態，僧團組織嚴密，遵守戒律，佛教教育發達，努力宣揚佛法，淨海法師覺得這些都很值得學習。

龍華佛教社的卓悲世總幹事，也特別安排時間，陪同法師至曼谷唐人街中心的華僧寺院龍蓮寺拜見普淨尊長，尊長曾於一九五七年受泰王敕封為華僧大尊長，並任龍蓮寺住持。尊長平日熱心弘揚大乘佛法，曾將中國佛教一些經論編譯為泰文、英文合刊，便利社會人士閱讀。平常到寺裡燒香拜佛的僑胞及泰人很多，寺院信徒供養豐饒，常住有財產，經費充足。一行人隨後前往甘露寺拜見仁聞法師，法師受敕封為華僧右尊長，住持該寺，日常領眾修學佛法，戒律謹嚴，積極弘揚佛法。廖理事長還陪同淨海法師去拜見純果法師，他的精舍有一個很典雅的稱號，叫「香牙小苑」，地方雖不大，卻非常清幽雅致。純果法師經常講經弘法，著述豐富，其道

德和學問，早為海內外僑胞所敬仰，得到很多僑胞的皈依，唯因法師不諳泰語，很少與泰人接觸。

淨海法師在拜訪了三位法師後，得知一些當地華僧的情形：泰國華僧大約有一百多位，其中大多是跟隨普淨尊長出家修學的青年。其他各處的華僧，有人做弘法工作，有人在寺裡自修，看經拜佛，多數是做經懺佛事，因為泰國華僑的習俗，仍保持著超度薦亡或消災祈福的風氣。在華僧中，大家仍保持中國佛教一種良好的習慣，都是素食，沒有受到泰僧的影響而吃葷。

受持南傳比丘戒

淨海法師到泰國研究南傳佛法，佛教大學的入學要求非常嚴格，規定法師要受南傳比丘戒並加入他們的僧團生活。泰國僧團非常重視僧伽教育，一般規模較大的寺院，均設有泰文佛學院，分初、中、高三級。巴利文佛學院，分九級，若考上第三級，將受尊封「摩訶、大比丘或法師」，以學位做為晉陞爵位之階梯，當然還需要以個人之修行、弘教、犧牲奉獻做為審核的基本條件。當時朱拉隆功佛教大學的青年學僧約一千二百多人，課程設有佛學、巴利文、梵文、英文、哲學、宗教學、

史地、心理學、數學等科。

淨海法師在龍華佛教社暫住近一年，得到很多社友們熱心地護持，也學習了簡單的泰語。一九六一年七月，在泰國僧人安居前，依據泰國佛教的習俗，有很多青少年男子，會進寺發心短期出家，過一段僧侶的寺院生活，將出家功德迴向報答父母師長養育之恩。淨海法師也選在此時受持南傳比丘戒。法師於七月十日，先住進大舍利寺，蒙佛教大學校董主席披莫丹長老慈悲，命人安排他住在第二十二組，並給他一間僧寮。當時全寺共有比丘和沙彌五百多位。

大舍利寺的地點，靠近雄偉的皇宮和王家場玉佛寺，在寺前有國家圖書館，藏書豐富。其側是國立博物院，院內陳設很多佛教文物。寺後街道是一排商店，背後是著名的湄南河，潺潺的流水，往來運輸的船舶航行其上，構成一幅天然的美麗景色。大舍利寺的建築非常雄偉，佛殿和佛塔都很莊嚴。佛殿裡經常有法師講經，金塔裡藏有釋迦牟尼佛舍利，平日前往燒香禮拜的信眾絡繹不絕。泰國佛學最高學府之一的摩訶朱拉隆功佛教大學，就設在大舍利寺裡面。

七月二十二日，受戒當天，淨海法師站立在一輛敞篷車上，身著華僧袈裟，頂上有傘蓋遮著，手持一束鮮花香燭，從龍華佛教社出發。二十多輛大小汽車的車

隊，有四、五十位居士捧著佛像和放有香花、袈裟、供養品的托盤，沿著幾條街道遊行前進，非常熱鬧，吸引很多居民出來觀看。車隊抵達大舍利寺後，由龍華佛教社馬鴻英理事長等，恭請杭立武大使代表龍華佛教社，及全體護法居士，正式歡送淨海法師進泰寺受南傳比丘戒及修學。

晚上八時半，三師和二十四證，都來到莊嚴的佛殿上，在中央結界，傳授比丘戒法等儀式。戒和尚賜給法師的巴利文法名「蘇陀遮羅」（Sudhacaro），意譯為「淨行」，經過問難後，得戒和尚就領導眾師為法師傳授比丘戒。隆重的受戒儀式，大約經過一個多小時完成，法師即成為一個南傳新比丘了。法師這次受戒的戒師，得戒和尚昭

淨海法師受南傳比丘戒

坤貼素提僧伽伯爵，是當時大舍利寺住持，德高望重。羯磨和尚昭坤華羅那育僧伽侯爵，時任朱拉隆功佛教大學校長，主持佛教大學蜚譽國際。教授和尚昭坤達磨俱舍僧伽侯爵，時任僧伽府長，功績卓著。

南傳佛教比丘戒的傳授和中國比丘戒的傳授有很明顯的不同。中國比丘戒的傳授是集體受戒，新戒在一個多月的戒期間，聚集在舉行傳戒的大寺院裡，學習儀軌和戒律。南傳佛教則不同，如有一位男眾發心出家，只要在合法合律的寺院中，隨時都可以求受比丘戒。

結夏安居

淨海法師受過南傳比丘戒後一週，寺院就進入結夏安居的共修。安居儀式開始，全寺的比丘和沙彌五百多人，齊集到佛殿，先做晚課，而後舉行半月誦戒。誦完戒，才正式揭開安居的儀式。儀式簡單而隆重，每個人手持著盛有香花的小碟子於胸前，虔誠地跪在佛前，由住持領導，先讚頌三寶功德，再求懺悔。然後輪流在佛前及在大眾中宣白，誓願遵守佛制，如法奉行三個月的安居。

儀式結束，回到僧寮，還需要做一件事，就是拿著從佛殿帶回來的香花小碟

子，再到一些長老上座面前，乞求懺悔和慈悲教誨。各組比丘間，也是依戒臘先後這樣做。這表示以前若有犯錯或有不愉快的事情，乞求對方釋除怨嫌，互相體諒，以後更要互相勉勵。淨海法師從這整個過程，推想到佛制是多麼地重視僧團的和合共住。中國出家人也說：「比丘無隔宿之仇。」就是這樣的精神。

淨海法師也注意到，泰僧不管舉行什麼法會活動，事前都沒有迎請的儀式，時間到了，大家自動集合。就算僧王領袖也是一樣，結束後也不必恭送，但要禮讓長老及上座先行或先退。另外，在曼谷，法師也隨泰僧到過其他幾座佛寺。寺裡住持和上座們，對下座也很和氣，沒有見過一位比丘或沙彌被處罰或挨打、罰跪、受罵，也不會被罰做苦役，因為這些在比丘戒律中是被禁止，應以慈悲、教育、愛護、鼓勵為教導原則。一位地位很高的長老或上座，不會有官僚架子，令人敬而不畏，當執事管理的比丘，更不見有什麼權威。依律說，在上者應當對下慈悲愛護，在下者應當對上恭敬有禮。

自炊素食

淨海法師住進泰寺後，首先要解決的一件事，就是保持素食。法師覺得他是一

位中國比丘，仍希望堅持素食的習慣，只要在經濟和環境許可之下，決不會放棄吃素的宗旨。同時，他從小出家，一向吃素習慣了，見到葷食聞到味道就感覺厭惡。恰巧在寺裡，住有一位泰人修梵行吃長素的優婆夷，寺裡也有七、八位泰僧吃素，於是她就發心組織了一個僧人素食團，只要是素食的，她都歡迎參加，淨海法師就參加了她的素食團，每月津貼一些伙食費。每天早、中兩餐，到了一定的時間，他們就聚集在一間清潔的小樓上，在地板上席地而坐就食。早上吃稀飯，有炸花生米及醬菜三、四樣；中午一餐比較重要，飯菜豐富些，有四、五樣菜，飯後還有一、兩樣水果。

這位優婆夷做的素菜，與中國人口味不同，有些是生吃的，在炒菜和湯裡，她歡喜放些辣椒和椰子粉，味道很濃烈。泰人多數歡喜吃冷飯、冷菜及飲冷水，淨海法師卻覺得不習慣，不容易適應，所以很快退了出來，辜負了這位優婆夷的發心。

南傳佛教出家人因為保持佛教托缽制度，所以寺院裡都不設廚房及爐灶，也不供給信徒飲食。所以淨海法師退出優婆夷的素食團後，只有自己設法解決。龍華佛教社因距離大舍利寺比較遠，也不可能每日煮早、中兩餐送來。又因為住在曼谷的出家人比較多，泰僧如托缽的飯食不夠吃飽，就要托淨人到市場或餐館購買飯菜回

來吃，不然也要自己煮食。所以有些泰僧就備有一個小煤氣爐或酒精爐，蹲在地上煮些簡單的食物填飽肚子。淨海法師因每日都要炊煮，所以也托淨人從市場買些蔬菜回來，每日早晨煮一餐素食，分為早、中兩次食用。

體驗南傳托缽的生活

淨海法師住進泰國寺院求受南傳比丘戒，過一、兩年後，為了體驗泰僧托缽的生活，每個月出去托缽一、兩次。每次托缽得到的食物，很多是用植物青葉包著，大多是葷食或是甜品糕餅，香酥美點。淨海法師除了有時留下些水果，其餘食物都轉為供養同住的泰國僧人。

泰僧外出托缽的時候，一定要三衣具足，沙彌則只著二衣。三衣即是大衣（僧伽梨）、上著衣（鬱陀羅僧）、下著衣（安陀會）。上著衣和下著衣，是僧人日常所著之衣，大衣是在舉行正規儀式時的正裝。泰國在東南亞處於熱帶，所以平常大衣都是摺得很好，很少打開，到舉行正規儀式時（如入佛殿課誦、托缽、見國王、重要場所），就將大衣掛搭在左肩上。如遇到天氣真的很寒冷時，當然也可以披著在身上（本來大衣也是為了御寒的）。三衣著好了，然後赤足持缽，在清晨天色微

明時，出外沿街或到村落人家托缽乞食。

淨海法師住在大舍利寺時，學習南傳比丘的托缽。外出托缽的時候，披著滿肩袈裟，赤足。飯缽大約可裝盛五磅的食物。托缽時用雙手將缽平持在胸前，也有人用缽帶繫在右肩下，還有人加攜一個分層的食格，以備放菜湯等。大舍利寺裡規定缽要雙手平持在胸前，最好不要攜食格，因為既不方便，也不甚雅觀。

清晨，當伸手可以看到掌紋時，就是出外托缽的時候。在晨曦中，沿著靜謐的街道行走，想要供僧的人會提早起床，準備好供僧的食物，在家門口等著。他們虔誠地將食物舀入僧人的缽內。供養畢，施主會恭敬地向僧人合掌，表示已供養完了，出家人不必對施主說感謝。通常一個早晨需要跑好幾家受食，才足夠一天的飲食，真的是一缽千家飯。在托缽過程中，受供養時，眼睛應該要看著自己的缽，不可以看供養的人。如有女眾供養香花燭等，應在受食後把缽蓋蓋好，讓她們把香花燭放在缽蓋上面，然後再用手去拿，不能直接伸手去接；如果施主是男的，才可以伸手去接。施主供養香花燭，是請出家人回到寺後，代他們供養在佛前。透過托缽，出家人可以降伏驕慢，不貪美味，平等受食，為人說法；在家人則是借著布施供養的因緣，廣種福田。這種托缽與供僧的制度，使僧眾與信徒間產生緊密的

聯繫。

當地有一位皈依演培法師的虔誠華僑信徒——周趙芙蓉居士，也是護持淨海法師留學的護法之一，她特別選在一九六三年八月八日，正逢中國農曆六月十九日觀世音菩薩成道紀念日，發心廣行布施，煮了很多素食供養泰僧，並特別邀請淨海法師應供。受供當日，淨海法師著衣持缽，赤足，出外行一大段路程後，到達周施主家前，看到他們全家總動員，包括店員和工友，在店門前人行道上擺設了一張長桌和幾張圓凳，桌上三個大盤裡放著菜包、水果、香花，凳子上放著幾大盆飯。清晨裡，托缽的出家人絡繹不絕，在她家門前排列成行，依次都得到他們一分虔誠的供養。淨海法師回寺後，邀請了僧組裡一位比丘和一位沙彌，共同分享這次托缽回來的素食，他們都覺得素食非常好吃，稱讚表示很美味。

供養迦絺那衣的儀式

泰曆十一月十五日，是泰僧出安居日，寺裡亦舉行簡單的儀式。在晚課及誦戒後，大家跪在佛前宣白：「……弟子在清淨的僧團中，如法安居三個月期圓滿了……」如是三白，表示三個月安居期已經過去。安居期完後，一個月內，比丘可

以接受信眾供養迦絺那衣，受衣是很隆重並有羯磨儀式的。「迦絺那」（巴利語：Kaṭhina），是受衣典禮的名稱。而且更把受衣的這一個月，稱為「迦絺那月」（Kaṭhinamāsa）。迦絺那，律部漢譯為「功德」，因為安居滿夏的比丘，具有五種功德可以接受迦絺那衣。所以，在出安居後的一個月內，泰國各大小佛寺，都會選擇一天，隆重舉行敬獻迦絺那衣典禮，也稱供僧衣節，亦稱解夏布施、供僧節。由於泰國有二十多座佛寺是泰王皇家出資興建的，所以這幾座寺院，每年舉行供養功德衣的典禮時，泰王會親自蒞臨或派代表主持。

佛國見聞

南傳佛教的習慣，凡有在家信徒參加的佛教集會，一開始，就先為居士授三皈五戒，將宣說三皈五戒推行到日常生活中；至於受持八關齋戒的居士，他們在寺院學習過一日一夜的出家生活，夜間就和衣睡在佛殿兩側，佛寺就像他們的家。

淨海法師在泰國期間，一次因嚴重的痢疾，被送往僧伽醫院治療。那次經驗讓淨海法師深被泰國政府對出家人的照顧所感動。僧伽醫院只醫治出家眾，醫護人員的診治，都依出家人的戒律考量安排。凡出家人有病，便可以免費住進去，醫藥飲

食一切成就，讓患病的僧人可以無憂。

淨海法師認為泰國佛教的興盛，主要是因為有健全的「僧伽行政組織」系統，而且得到國家的護持和資助。泰國憲法上規定，國王須皈信佛教，佛教為國教。注重僧伽教育，僧團戒律制度良好。

留學的困境與挫折

淨海法師在泰國住了將近九年，在朱拉隆功佛教大學沒有獲得畢業文憑。法師自謙，一是因天資魯鈍，學習成績不好；一是由於泰國佛教考試制度真實把他難倒了。

淨海法師於一九六二年報名就讀泰文佛學院，學習基本佛學、律儀、佛傳、格言（選自巴利文佛經）等。佛學院於每年七月夏季安居後開學，上課時間都在晚上，每堂課一小時半（因為多數青年學僧在白天要讀巴利文佛學院，或其他課程），到十二月半就結束，只有五個多月時間。淨海法師在泰文佛學院讀了五年，只考得中級程度；高級班讀了一年，沒有再報考，以後因朱拉隆功佛教大學的課程較忙，就沒有再讀了。

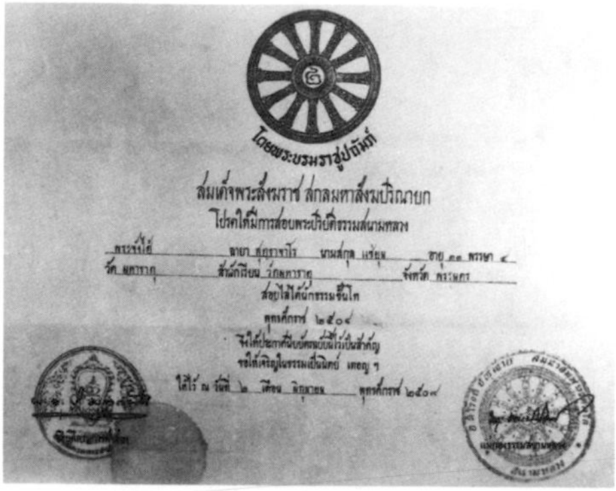

淨海法師泰文佛學院中級大考及格證書

就讀泰文佛學院的同時，淨海法師也進入朱拉隆功佛教大學攻讀，但因為很多學科沒有基礎，特別是幾種語文課程，學習進度十分緩慢。就讀佛教大學必須通過的泰文和巴利文鑑定考試，是淨海法師最弱的項目，而且當時很少工具書，只有一本簡單的中泰文字典，更沒有中文巴利文字典，很多泰文、巴利文的佛教術語名詞，都靠慢慢猜想推敲其意，有如盲人摸象一般。所以，淨海法師不敢報讀正科班，而是從先修科第二年讀起，然後再讀預科兩年。這相當於初中和高中的速成班課程，而後才可升入正科。泰僧考入佛教大學就讀，規定要先考得巴利文第四級以上才能入學，這對淨海法師來說，是非常困難，因為聽課時幾乎完全不了解。但因為沒有時間再報讀巴利文佛學院，所以淨海法師只好請同寮共住的一位佛教大學的比丘，幫忙補習初級巴利文文法。但因為沒有正式進入巴利文佛學院攻讀，所以沒有資格報名巴利文大考。

泰國佛教僧人的考試難度非常高，對外國僧人尤感困難。比如報考泰文佛學院高級班（畢業考），或巴利文等級測驗，登記姓名後，只取得一個考僧號碼。屆時，在考試的卷子上，只能填寫規定的號碼，不許填寫考僧的姓名。考完試，卷子收集起來，再送往別處僧人審閱，評判成績分數，錄取從嚴。如果幸運考及格了，再依號碼去查對姓名正式公布；不及格的就不去查對了。因為外國學僧不是從小學習泰文、巴利文，要考及格是非常困難的。由於考試規定用號碼，審閱者也不知道你是不是外國出家人，泰文的水準怎能跟泰僧比呢？至於佛教大學考試，雖說沒有這麼嚴格，但也規定在大學畢業前，要先取得泰文佛學院高級畢業，及通過巴利文第四級以上，再加上大學課程的成績，否則不能獲得畢業，或等你補考取得以上的成績，才發給正式畢業證書。這對聰明的泰僧也許不難，但對外國僧人就太難了。

由於當時朱拉隆功大學裡，沒有其他的中國僧人，沒有前人的例子可循，也沒有人可以給予選課指導，全靠法師自己從錯誤中學習。淨海法師在朱拉隆功佛教大學攻讀將近六年，前三年在先修科和預科，升入正科讀了一年，成績實在不理想，課程又繁多，負擔很重，於是淨海法師主動向校方申請准許旁聽部分課程，不寄望獲得畢業文憑了。淨海法師這時候也沒有其他較好的辦法可想，但又不願意放棄學

習的機會。在那個年代，沒有看到其他的機會，如果放棄，就是放棄了一切！所以，淨海法師仍想在泰國再住四、五年，加強巴利文的基礎，及學習南傳禪修的方法，希望將來回國可以研讀翻譯巴利佛經或佛學院教書，這樣可以教學相長。

淨海法師在泰國期間，常常為當時臺灣的佛教雜誌《海潮音》寫稿。每參訪佛教道場，有任何見聞就寫下來，投稿至臺灣，這也是後來撰寫《南傳佛教史》的起源。淨海法師自認其作品可能學術價值不高，但資料是可貴的。因為當時沒有電腦，所有的資料都是靠機緣慢慢收集，再加上他仔細思考對證而成型的。除了《南傳佛教史》，在泰國期間，淨海法師也收集了英國、德國等佛教史的資料，寫成〈英國佛教史〉、〈德國佛教史〉等初稿，後來被張曼濤居士收集在《現代佛教學術叢刊》。

淨海法師學習南傳佛教禪修

淨海法師初到泰國留學，因常在《海潮音》等雜誌發表文章，包括佛教史、記事報導、雜文等，用去很多的時間。一九六三年五月九日，忽接到臺灣彌勒內院導師——道安法師來信，開頭第一段就勸告淨海法師說：「如果寫稿影響學業，我勸你寧可不寫稿，要以學業為重故。」道安導師的慈悲愛護，令淨海法師心存感激。但當時不便告知導師，他在泰國讀書遭遇到學業上的困難。旅泰留學期間，淨海法師於一九六六年三月某日，忽然接獲臺灣對他有恩的無上法師圓寂的消息，對於未能報答無上法師的恩情，淨海法師深感遺憾。

淨海法師因與聖嚴法師都非常關懷當時在臺灣的中國佛教，因此常常通信，互相討論中國佛教改革的問題。約在一九六七年，淨海法師不經意地談到在泰國求學遭遇到的困難，那時聖嚴法師在高雄美濃閉關剛圓滿出關，互相討論的結果，聖嚴法師建議一起前往日本求學，並由他請求慧嶽法師協助，向日本東京佛教立正大學申請入學許可。聖嚴法師曾在他的《留日見聞》中提到：「淨海法師為教的熱心，要超過為學的精神，為了佛教前途，決定轉學日本，並且慰勉我說，不必掛心經費，只要真心為了佛法，定有善緣護持。」

二、轉學日本立正大學

日本佛教是在公元六世紀中葉，由中國經韓國百濟傳到日本，之後的發展深受中國佛教影響。但明治維新（一八六八）初期，日本佛教在「廢佛毀釋」運動的衝擊下，僧人被迫還俗，使日本佛教完全世俗化，佛陀的戒律蕩然無存。之後，東本願寺的主持者派遣南條文雄（一八四九—一九二七）、高楠順次郎（一八六六—一九四五）、笠原研壽（一八五二—一八八三）等佛教學者，前往當時殖民印度的英國及德國，學習印度哲學、梵文與佛教文獻學的研究方法，並將其傳回日本。自明治十年起，東京大學開始講授佛學科目，精確解讀佛教文獻，逐漸成為日本佛教研究的主流，擅長解讀漢文的日本學者開始嘗試對比西洋傳來的梵語、巴利語佛教文獻與漢文佛典，日本的佛教研究自此確立以文獻研究為主的學術傳統。

一九二〇年代前後，中國佛教界出現復興唐密的熱潮，一些以學密宗為目的的學僧赴日留學。其中主要人物有大勇、持松、顯蔭等多人，前往東密根本道場高野山學習密法，學成返回中國。東初老人在〈民國以來海外之留學僧〉一文中，曾提

到：初期東渡之留學僧，在日本僅學習密宗傳法儀軌，並未進入日本正式大學，接受第一流學者指導。王宣蘋的論文〈日治時期留學日本的尼僧〉中也提到，日治時期的臺灣，在一九三六年至一九四三年間，也有新竹一同堂的玄深、如學、禪剛尼師，新竹淨業院的勝光、慈心、廣禪尼師，后里毘盧禪寺的聖光、正定、正果尼師等二十多位尼師，先後赴日本關西尼學林及東京駒澤大學等校深造。一九四五年之後，中國佛教界因政治局勢變化，未再有前往日本的留學僧。直到一九五二年，內政部確定宗教人員出國進修的合法性，臺灣僧尼取得政府許可，得以出國進修。當時由臺灣去日本進修的僧尼居士，包括圓明、果宗、慧嶽、通妙、青松、學慈、了中、能果、睿理、廣聞、慈觀、慧光、明宗等十多位法師。

一九六〇、七〇年代，臺灣政治漸趨穩定，經濟起飛，佛教也漸漸興盛起來，一些略有學識基礎的青年僧尼，因羨慕日本佛教學術的發達，而設法前往日本留學，研習更深的佛法。但到達日本後，男眾青年比丘，或因經濟困難，需脫去僧服還俗打工賺錢生活，或因環境變遷意志不堅，就有些人還俗了。僧才的流失，引起臺灣佛教界不少人激烈反對僧人負笈東瀛。因依中國傳統的風氣，還俗的僧人，普遍地不受到尊重，所以，還俗後的他們就隱藏著過去出家的身分，從此也從佛教界

中消失，不見人影。還俗的僧人，不能以居士身分繼續護持佛教，這是多麼重大的損失！

一九六九年春，聖嚴和淨海二師前往日本留學時，正由於先前到日本留學的出家人，有多位還俗，當時臺灣佛教界的長老們，並不贊成年輕僧眾前往日本留學。所以兩位法師是在一片反對聲浪中，懷著忍辱負重的心情成行。他們幸蒙剛從東京立正大學畢業返臺的慧嶽法師鼎力協助，向東京立正大學坂本幸男校長全力的推薦，加上在東京留學的吳老擇居士熱心地與校方接洽，一切入學手續終於辦妥。淨海法師先於一九六九年一月三日

淨海法師（右）與聖嚴法師攝於立正大學前

直接由泰國飛抵東京，稍後聖嚴法師也於三月十四日到達日本。

淨海法師初抵日本，不通日語，因得吳老擇居士的協助，先在立正大學附近，一棟兩層屋的樓上，租得四坪半的住房一間。住房分成前後二間，前間房三個榻榻米大，設置成一個小佛堂，另附一個小煤氣爐灶，可炊煮素食，後間房有四個半榻榻米，放置二張小桌椅，做為二人讀書及習作的臥室，真可謂居在斗室，而房租卻貴得驚人。還好他們很幸運，遇到一對好房東夫婦，名叫知虎喜，是日本淨土宗虔誠的信徒。他們見到中國僧人，穿著中國僧服和素食，認為是真正的出家人，租金特別給予優待，有時還供養二位法師一點現金及小禮物。

事情真巧，也是出乎意外，同一時間，臺灣美濃朝元寺住持慧定比丘尼亦抵達日本東京，也已辦好立正大學大學院入學手續，與聖、淨二師同班攻讀碩士學位。慧定尼師，在一九五一年夏，與淨海法師曾是臺灣新竹靈隱寺的「臺灣佛教講習會」同學。後來亦到汐止親近慈航老法師，在山下靜修院讀女子佛學院三年。她也是聖嚴法師在美濃朝元寺兩度閉關的護持者，小時候曾受過日本統治臺灣時期的小學教育數年，所以會說和聽得懂日語。

聖嚴法師和淨海法師二人共住在一起，每日早晨都在佛前做簡單的早課，三

餐自炊簡單素食。大學院（研究所）開課後，除了到學校上課外，就是加強學習日語。聖嚴法師因為曾經在臺灣自修學習過日語，加以有語言天分，很快就會說，也能聽得懂簡單的日語，又善於和日本人交流。不久就有幾位教授、講師和學友，願意義務幫助教導二位法師日語，譬如大正大學講師牛場先生（由吳老擇居士介紹）、三友苔雄（同校博士班生）、古河俊一（同校大學三年級學生），稍後還有一位臺灣李天春教授的公子李俊生居士，都曾熱心義務短期教過兩位法師學習日語。

在諸多善緣的聚集下，兩位法師得以克服生活上及經濟上的諸多困難，努力求學，一心向道。聖嚴法師和淨海法師在立正大學攻讀兩年後，二人均順利獲得佛教學碩士學位。聖嚴法師學習日文幾個月後，進步很快，上課及交談，聽、說、寫都能簡單地應付。淨海法師因從未學習過日文，到日本之後才開始學習，聽課及說寫都感到非常地困難，很多都聽不懂，說就更困難了。淨海法師說，還好早期日文佛學中，漢字比較多，意思大多可以猜到。淨海法師的碩士論文是《法句經の研究》，日文約十多萬字。淨海法師謙虛地表示，他參考了南北傳佛教經典中，有關《法句經》的資料，加上自己一些見解，完成後，再請日本同學修改潤色，終於順

利通過。法師因為覺得論文的內容不夠豐富和嚴謹，所以沒有譯成中文出版。淨海法師說，日本大學對博士學位要求很嚴格，論文需要具有很高水準，有獨特的見解；而對碩士論文內容，只要稍具水準就可以了。當然最後還是要經過教授群組及指導老師當面考試提問與回答，才能獲得通過。

一九七〇年夏，淨海法師去國留學在外，已十年沒有回國了，這年夏天學校放暑假時，第一次回到臺灣，探望師友同道們，大家相見，非常愉快。承印海學長盛情，帶領他與學僧數人，同往臺灣中部、南部及花蓮各地名勝一遊，以解離國之情，然後回到日本，繼續學業。

一九七一年四月，淨海法師與聖嚴法師繼續考入博士班攻讀，但淨海法師只修讀了一學期多，於一九七二年二月，就應邀至美國紐約弘法了。

肆

開拓淨土

——美國弘法時期

（一九七二—二〇一〇）

二十世紀的上半世紀，由於美國《排華法案》的制定，限制了華人移民，也幾乎凍結了華人社團。直到一九六五年的《移民和國籍法案》被通過，華人移民才開始增加，美國華人的佛教，也才獲得進一步的發展。六〇年代初，三藩市的華裔知識分子，馮善甫、馮善敦、唐退謙三位博士，在華埠發起組織「佛禪會禮教堂」（Buddha's Universal Church），建了一幢五層鋼筋水泥的大樓，一九六三年落成啟用。華埠另一個佛教社團是「美洲佛教會」（Buddhist Association of America），會長為廣東籍梁民惠居士。一九六二年，梁居士派代表至臺灣，聘請福嚴精舍的妙峰法師抵美弘法。但該組織是混合儒、釋、道等多種信仰，不久妙峰法師就到紐約另求發展。

一、應聘至美弘法

一九七二年春，在日本已進入博士班攻讀的淨海法師，接獲在美國紐約弘法多年的妙峰法師的信函，邀請前往美國協助弘法。淨海法師一因博士班學費的考量，二因投入弘法的考量，毅然答應美國紐約唐人街「中華佛教會」妙峰法師的邀請，

抵美弘法。

妙峰法師是淨海法師在臺灣親近慈航老法師時的同學，廣東人，會講台山話，語言通達，在美國弘法已十多年，他創立的中華佛教會，設置在紐約一座五層樓建築的第三樓，佛教會當時已有很好的基礎，信眾很多，香火頗旺。紐約的唐人街，華僑聚集，商業繁榮，生活方便。但聲音嘈雜，環境髒亂，居住條件並不理想。因為中華佛教會佛堂空間不大，房間不多，淨海法師被安排住在鄰近一座妙峰法師新購尚未裝修的空樓裡。淨海法師每天早晨走路到佛堂吃早餐，然後就看守佛堂門戶及照顧香火。當有人來燒香拜佛或有客來訪時，負責開門招呼接待，感覺似同廟祝一樣，直到吃過晚飯後，才回到住處休息。這樣的生活，與淨海法師赴美弘法的理念有著相當程度的距離。所以經過半年多，淨海法師就辭去中華佛教會這項職務，離開了唐人街。

淨海法師在中華佛教會時，為了安定身心，空閒時就看看書，法師閱讀參考了中、英、泰、日文的《法句經》，試著用語體文翻譯巴利語《法句經》，譯後出版，書名為《真理的語言——法句經》。

二、住進美國佛教會

當時擔任美國佛教會大覺寺住持的樂渡長老，得知淨海法師離開中華佛教會後，慈悲地歡迎淨海法師到他的道場住，並協助為淨海法師申請辦理在美居留的移民手續，否則淨海法師可能必須回到東京，繼續學業。「美國佛教會」是樂渡法師（一九二三－二〇一一）得到沈家楨、居和如、姜黃玉靖居士等護持，於一九六四年在紐約市創立，次年沈家楨夫婦購得位於紐約布朗區的辦公大樓一幢，捐贈做為美國佛教會會址。大樓加以裝修後，除供美佛會辦公外，並成立大覺寺，舉行各項弘法活動。

淨海法師在美國佛教會大覺寺住了約近四年，逢值仁俊長老和他的侍者日常法師，也受到美國佛教會的邀請蒞臨美國弘法。當時大覺寺共住了六位男眾比丘，寺中除了住持和仁公擔任佛法主講外，其餘四人都是清眾，大家共住維護道場的清淨莊嚴。那時大覺寺內僧房不多，所以在寺外隔鄰租了四樓公寓的頂樓，淨海法師到大覺寺時，公寓樓層正空著，就被安排住在樓上。每天早晚課誦和三餐，按時走

去大覺寺，如寺裡有事要做，可隨時通電話傳喚。公寓裡有一個小廚房和兩間大房間，共放了四張床，有客僧或男居士到佛教會作客，就招待住在四樓公寓。壽冶老和尚及臺灣的懺雲法師，都曾在樓上短暫住過，淨海法師也成了他們的侍者。

有一年，美國佛教會董事會決定，聘請仁公長老、日常法師、淨海法師，協助審閱由沈家楨居士創辦的「美國佛教會駐臺譯經院」英譯的《大寶積經》經義。審閱譯稿的時間訂在週一至週五，每天上午九時半至十一時半。進行方式是由一位退休老工程師教授趙真覺居士，先念一段英譯的經文，再由老教授用中文將英譯經文的意義說出來，讓三位法師再對照中文《大寶積經》原本，審閱探討譯義和語法是否相吻合。如有不吻合的地方，就記錄下來，然後寄回臺灣譯經院，供作譯經人員參考，或作修訂，如此進行約有一年多的時間。可是，後來不知什麼原因，譯經院已經翻譯的佛經，都沒有出版。有說是不合現代西方人的語言習慣和表達方式，可見佛經翻譯之難了。

那段時間淨海法師一個人住在公寓樓上，有較多時間，也比較自由，他就在公寓裡靜靜地看書，或繼續編寫未完的《南傳佛教史》，並將以前寫過的文稿，再整理、修改並增加內容。至一九七四年底，初版的《南傳佛教史》手稿，終於完成。

淨海法師同時將他先前翻譯的《真理的語言——法句經》一稿，再加以修正潤飾，一併寄到臺灣慧日講堂給學長印海法師，請他幫忙交涉出版及校對事宜。一九七五年三月，用慧日講堂的名義出版發行了這兩本著作。

三、紐約唐人街成立報恩寺

一九七二年春，淨海法師初抵美國紐約市時，紐約市只有六位華僧，三座佛教道場。有一天，淨海法師前往美東佛教總會拜訪，當時接見的，除了相知多年的學長浩霖法師之外，還有一位於一九六九年夏受聘抵美弘法的法雲法師，他是江西贛縣人，自幼出家，過去在中國大陸時，曾親近虛雲老和尚及擔任侍者多年。初次見面，淨海法師覺得法雲法師，為人誠懇隨和，熱情活潑，做事勤快。因為都住在紐約唐人街，相距不遠，有機會時常見面，一起談論弘法的願景。

一九七四年冬天，法雲法師與淨海法師相約至一位信徒家，與十多位居士，共商在紐約唐人街創立新道場弘法的計畫。因為大家都有一股熱忱，淨海法師覺得因緣成熟了，就積極參與籌備。但兩位法師都沒有經濟基礎，要開創道場，只能租用

地方，於是二人各籌美金六千元，居士們再出些善款。不久，就在唐人街地威臣街十五號，租到一處位於二樓約一千五百平方英尺左右的空間。然後請人估價裝修，增加布置，同時向泰國請購一尊釋迦牟尼銅佛坐像供奉。

裝修完成後，道場定名為「報恩寺」。於一九七五年二月十一日，舉行開光落成，誦經祝福。當天恰好是農

法雲法師（左起）、淨海法師、妙峰法師、浩霖法師，同遊紐約布魯克林公園。

曆乙卯年正月初一，逢值農曆新年元旦，唐人街集市人多，隨緣參加祝賀和進香拜佛的信眾極多，二樓的小道場，顯得非常熱鬧擁擠。

報恩寺開光後，兩位法師訂立共修活動，農曆每月初一、十五、佛菩薩誕辰，舉行誦經共修；陽曆每月第一週日禮拜大悲懺，第三週日禮拜藥師懺，第二週日及第四週日，上午誦經供佛，下午佛法演講及座談討論。早期的紐約唐人街，華僑以廣東人居多，大多講粵語。法雲法師幼年出家，後至廣東親近虛雲老和尚多年，講得一口流利的粵語，向外溝通和辦事，非常方便有用。淨海法師的佛法演講及座談，時常要經過他翻譯成廣東話。

報恩寺一層樓的空間，主要是設置佛堂，還要附加廚房及衛生間，地方狹小，辦活動空間也受到限制。淨海法師的房間，連一張小木床都無法安放，只用幾塊木板釘在一起勉強為鋪，再放一張小桌子，人就坐在小木板床邊緣看書寫字，白天室內光線很暗，要靠燈光照明，因為空間狹小，空氣流通不佳。法雲法師則是連房間也沒有，每晚都睡在淨海法師房外一張沙發上，早晨起身後，就將鋪蓋捲好收起來。法雲法師為人本質寬厚，道念堅固，更有吃苦耐勞的精神。

為了吸收年輕的知識分子學佛，淨海法師時常前往位於紐約中城的哥倫比亞

大學圖書館，一方面閱讀中文書，一方面希望能有機會接觸到中國留學生，引導他們學佛。經過一番努力後，曾有五、六位留學生到報恩寺座談，或聽講佛法，但幾次淨海法師在演講佛法時，卻有人在佛堂內走來行去，或有信眾來求籤，或高聲說話，學生們終因道場的氣氛不協調，環境太嘈雜，就沒有再出現了，淨海法師感到很失望和婉惜。雖然兩位法師都有辦道弘法的熱忱，但在度眾生的方便善巧上，難免有不同的見解。淨海法師希望凸顯佛教慈悲智慧的特色，辦法會講開示，盡量減少迷信的色彩；但法雲法師卻認為求籤是方便隨緣，可接引更多通俗的人信佛。最後，兩位法師終於因為理念不同，很難再一起合作。

報恩寺成立兩年後，維持下去已無困難，但在唐人街的環境裡，終究無法脫離香火廟的性質。加上兩位法師的意見也不能完全一致，時常需要互讓牽就。淨海法師覺得這樣長久下去，弘法工作無法進行改革和創新，與他的所學及理想不甚符合，如果將道場交由法雲法師獨自發展，可能更好。同時淨海法師也有離開紐約的想法，他認為如長久在唐人街一直住下去，雖然生活不難，言語通達，但也會被現實的環境所淹沒，終將一事無成。於是，在一九七七年春，兩位法師協商，正式提出分開的想法，淨海法師退出報恩寺組織，交由法雲法師一人發展。

四、決心離開紐約

一九七七年初，淨海法師已決定離開紐約，當時心中有兩個方案：一是留在美國，要到沒有中國佛教寺院的華人地區成立道場弘法；二是如果成立道場的因緣不具足，決定早日回臺灣到佛學院教書，可以教學相長。法師自忖，如想在美國成立道場，坐待因緣，是永遠不可能實現的，只有靠自己出去探尋奮鬥。只問耕耘，不問收穫，成敗就隨順因緣了。

當年初春，一個晴朗微寒的天氣，淨海法師帶著很少的衣物，從紐約市搭乘長途巴士到波士頓進行考察。抵達波士頓後，因人地生疏，先至書店買了一張市區地圖查看，並向人詢問唐人街的所在，然後就叫了一部計程車前往。到了唐人街，先在幾條街道上及橫巷行走了幾趟，希望能了解當地華人的情況。那裡的街道很舊，大概有一百多家中國小商店；淨海法師走進幾家商店裡看看，或聽聽大家的交談，發現都是講台山話，完全聽不懂，幾乎沒有人會說國語。快近傍晚時，因為找不到中國餐館可進素食，淨海法師就在唐人街買了一些餅乾及麵包帶在身邊，然後

去尋找旅館。離開唐人街沿著一條大路走，很快就找到一家平價旅館，單人房一宿十元，法師訂住了一星期。其實在波士頓並沒有特別的事情做，只為想多了解一些當地華人的情況，因此法師每天都去唐人街走走，有時或乘地鐵參觀波士頓的名勝古蹟。

淨海法師有心度化知青學生，聽說波士頓中國留學生很多，因此專程前往哈佛大學校園參觀，並詢問附近房地產的情形。結果得知那裡的地產，價錢貴得驚人，別說買不起，租金也很高，淨海法師就不敢夢想在大學附近租房成立道場弘法了。一星期中，因旅館裡不能燒煮，法師三餐都是以冷水或果汁送麵包填肚子；奢侈一點，就買杯咖啡或紅茶飲料。一星期後，法師覺得在波士頓成立道場不具因緣，尤其是語言不通（當地老華僑都說台山話，更少人信仰佛教），因而回到紐約。

再過了一段時間，淨海法師得知學長印海法師要從紐約前往芝加哥探望一位相識的護法居士，並將於當地停留兩、三天，淨海法師於是買了機票，隨他一同去芝加哥，希望了解當地佛教的發展情況。這次出門，因為住在信徒家，素食方便多了。那時雖然已是春天，但法師感覺芝加哥比紐約更冷，密西根大湖岸邊結成的厚冰尚未融化，站在湖邊，寒風刺骨。當地的華人告訴淨海法師說，芝加哥冬季寒冷

時，經常都在攝氏零下或零下幾十度。淨海法師也請信徒開車帶他去芝加哥華埠參觀，雖然比波士頓唐人街的規模大了一些，但老華僑也都說台山語。當時在華埠附近的一塊空地上，法師見到華人正在興建幾間將近完成的商店，順便進去尋問房價和租金，雖不算很高，還是超過淨海法師的經濟所能負擔的。而且，法師因為考慮到自己身體不好，很怕冷，所以也就放棄到芝加哥弘法的想法。

隔年春天，雖然還是前途茫茫，但淨海法師離開紐約的決心更加堅定了。法師那時覺得如不離開紐約，就會被環境吞噬。於是淨海法師選定前往首都華府、美南的休士頓、及西岸的西雅圖等城市考察。淨海法師先從紐約乘坐五小時的長途巴士抵達華盛頓特區。法師在華埠附近一家普通的旅館住下，預定停留三個晚上。兩、三天中，淨海法師常去華埠看看，華埠範圍不大，那裡有些華僑會講國語，但交談後發覺極少人信仰佛教。華埠地帶也沒有空餘的房屋出租，附近也不知道去哪裡找。在空閒的時間中，淨海法師曾去拜訪了當地錫蘭和緬甸的佛寺。

五、美南休士頓初建道場

第四日，淨海法師覺得在華盛頓特區弘法的因緣也不成熟，臨時向一家美國人經營的旅行社購買了一張飛機票，於下午六時許飛往休士頓。法師抵達休士頓時已是深夜，不辨方向位置。幸好機場內有一家君悅大旅館，淨海法師走進服務台詢問。不巧，當晚在大旅館裡有集體豪華婚禮正在舉行，房間已經被預訂一空。幸虧旅館人員見淨海法師語言溝通有些困難，也不會開車，深夜不知何去何從，就告知有一間小廳房空著，裡面沒有床鋪，但可以讓淨海法師休息一夜，需要登記預付費用六十餘元。

第二天上午，淨海法師試著撥打電話給曾在臺灣有一面之緣的佛教徒陳老太太。結果陳老太太夫婦已回臺灣，是他們的一位女公子——陳繼芬小姐接的電話，雖不相識，但經聽聞淨海法師的來意後，陳小姐非常歡迎淨海法師去她家見面談談。於是淨海法師從飛機場乘坐計程車去到她家，再詳細解說到休士頓的目的，是想成立一座佛教道場弘法，並希望陳小姐能幫忙介紹安排與中國男留學生同住；如

不能，短期租一間小公寓也可。陳小姐很熱心，即與她萊斯大學（Rice University）的同學電話聯絡。結果，第一通電話就有了好消息，有公寓可以同住。

當天吃過午飯後，陳小姐即開車送淨海法師前往位於休士頓醫學中心一處出租的公寓，與三位臺灣來的男留學生見面。學生租的是位於二樓兩房一廳的公寓，學生住房間，淨海法師就睡在客廳的地毯上，言明負擔一份租金。三位青年都是萊斯大學優秀的留學生，其中兩人沒有宗教信仰，一人是基督教徒。法師住下以後，三位留學生都很照顧淨海法師。由於居住在休士頓，沒有車就像沒有腳一樣，所以淨海法師首先要解決的是「行」的問題。幾位同住的留學生都很熱心，協助淨海法師參加交通規則筆試，教淨海法師開車，參加路考，讓淨海法師得以在短時間內，順利取得駕駛執照，解決了行的問題。平時淨海法師自己炊煮素食，當留學生去學校上課時，法師就幫他們整理屋子，將爐台擦洗得乾淨光亮。淨海法師每天早晨起身較早，為了不打擾學生們的睡眠，常靜坐一小時以上。生活作息互不干擾，大家同住非常愉快。

在初至留學生公寓居住時，淨海法師依紐約樂渡法師提供的電話資訊，致長途電話給當時住在德州大學城的嚴寬祜、崔常敏居士伉儷，他們那時剛從香港移民

到美國。嚴寬祜、崔常敏二位居士早年曾於香港設立佛經流通處，刊印佛經教典流通，是虔誠的三寶弟子。電話打通之後，淨海法師說明他想在休士頓成立道場弘法之意，希望嚴居士伉儷能到休士頓見面相談。第二天，嚴居士伉儷即開了一百多英里的汽車，到休士頓的學生公寓與淨海法師相見。經過一番誠懇的交換意見後，雖然大家都深覺在美國德州南部成立道場，猶如要在沙漠中創造綠洲，非常困難。但也由於互相對弘法都抱有很高的熱忱，所以不管將來能否成功，大家都願意盡力發心一試。嚴居士伉儷同時建議，可與香港的永惺法師聯絡，若能與他合作在德州創立道場，最為上策。

淨海法師稍後經人介紹認識了一位華僑地產經紀人，由於她對休士頓房地產的熟悉，前後帶著淨海法師看了三、四處的房屋，但都是在住宅區，不適宜做佛教道場之用，且空地太小，將會限制未來的發展。原想在華人較多的休士頓西南區購買較大的空地，但當時地價每平方英尺已漲至美金兩、三元以上，不是淨海法師能力所能負擔的。不得已求其次，託經紀人耐心地尋覓。最後，在休士頓南區未開發地，找到一間住家房子，經過察看訪問後，得知是一對廣東老華僑夫婦的住宅。雖是一間普通住家，地區稍嫌偏僻，但很幽靜，外面空地極大，占地一點九五英畝，

是一塊方形土地，非常平整。而且，連接大馬路，可規畫為商業用地，未來能申請改為寺院用途。房地總價七萬九千元，淨海法師先付首期二萬四千元，其餘貸款，年息加上各項手續費用約百分之十，分十五年付清，這在淨海法師當時是勉強可以負擔的。經過幾次商談，終於達成協議簽約及預付了訂金，訂於一九七八年十二月三十一日前成交過戶。

因緣不可思議，淨海法師從紐約南下至人生地不熟的休士頓，身上只帶了兩個聯絡電話，沒有想到，多年的弘法心願，就在此時此地露出曙光。

由於離房屋成交過戶還有四、五個月的時間，淨海法師覺得已沒有必要住在休士頓學生公寓中，於是又回到紐約，做搬遷的準備。回紐約後，經過一、兩個月的時間，接到嚴寬祜、崔常敏二位居士的電話，告訴淨海法師，關於在德州休士頓創立道場弘法，經他們從中介紹與香港永惺法師合作的事情，已得到永惺法師同意。因為惺師對香港佛教界貢獻巨大，做事很有計畫和魄力，能吃苦耐勞，又具有犧牲奉獻的精神，能得到他的合作與支持，給淨海法師帶來很大的安定力。

之後，經多次電話聯絡，購置的房屋決定提早一個月交屋，淨海法師也提前搬至休士頓，仍暫時與中國留學生同住，並帶了一尊小型釋迦牟尼玉佛、觀音菩

德州佛教會於一九七九年正式登記成立，此為法師與信眾合影於一九七八年十一月購得的會址民宅前。

薩像、及個人簡單的用品。在留學生公寓住下後，首先請留學生幫忙購置了一輛舊車，這樣外出辦事就不用麻煩別人了。

一九七八年十一月三十日，提早完成交屋手續後，淨海法師一個人即搬至空屋子裡住，並將道場命名為「佛光寺」。淨海法師發願前往沒有華人道場的地方，播撒菩提種子的悲心宏願，在多年的尋尋覓覓後，終於選定佛光普照於美國南部德州的休士頓。淨海法師以拓荒者的精神，開拓美南地區這一片佛教沙漠。

「法不孤起，仗境方生；道不虛行，遇緣即應。」淨海法師在佛光寺開

永惺法師（左）與淨海法師（右）合影

淨海法師每日做早晚課誦

始弘法時，每月舉行一次共修法會，最初只有一、二十人參加，漸漸地人數開始增多，所以改為每月兩次法會。一時間，休士頓華人留學生的圈子、德州醫學中心的華裔醫護人員、僑界的佛教徒，大家奔相走告：有法師駐錫休士頓弘法了！

一九七九年春，為了向政府申請立案，淨海法師及護法信眾籌備組織財團法人，組織定名為「德州佛教會」（Texas Buddhist Association），首屆董事會推永惺長老為董事長，淨海法師為會長，於五月下旬獲得批准成立。淨海法師在佛光寺弘法，參加的信眾大多為白領上班階級及留學生，在佛法的邊地，能有機會聽聞佛陀的教法，如久旱獲甘霖，不到半年的時間，與會人眾遽增，做為佛堂的小客廳，已無法容納六、七十人的聚會。還好戶外尚有較大的空地，第一次佛誕法會後，大家提議在空地上興建一座可容納一百餘人共修的佛殿，立即獲得香港永惺法師的同意與大力支助。

六、大病一場

初創佛光寺，經費並不充裕，興建佛殿期間，淨海法師為了節省工程經費，許

多工作都親力親為。白天工人蓋，晚上法師繼續做雜工。一九八〇年春，淨海法師終因辛勞過度，感冒後又忽略治療，成了重病，經醫師診斷可能患有肺癌的跡象。入院檢查後，醫師要淨海法師立即住院開刀治療。但淨海法師因為感到身體太衰弱，怕抵抗不住，決定暫緩開刀，先回佛光寺休養。

在醫院時，淨海法師躺在急診室的病床上，因美國醫生診治問病，言語不通，臨時找到一位華籍麻醉師許秀麗居士幫忙翻譯。據日後許秀麗居士的敘述，當她走進病房時，看到被宣判是癌症末期的淨海法師，安詳平靜地躺在那裡。令她非常震撼，也很好奇，是什麼力量讓這位病患可以如此淡定。因為想探究原因，讓這位麻醉師開始前往佛光寺學佛。多年後，她在淨海法師座下出家修學佛法，法名修智。

當時在美弘法的一些同學好友，知悉淨海法師患病後，真華法師、浩霖法師、印海法師三位學長都從各地飛抵休士頓探病。浩霖法師因為出門習慣找人同行，從紐約又帶了一位青年出家人——宏意法師。據宏意法師說，他當時是誤聽浩霖法師說是去五十分鐘航程的波士頓，心想距離不遠，去兩天後即可回返紐約，始勉強答應。等上了飛機之後，才知道是前往四個多小時航程的休士頓。由於那時淨海法師病得很重，肺部常常積水，而且新創的道場又無人協助照顧，大家都非常憂心。但

淨海法師的三位學長，在美國又都各有道場要主持，他們就一齊勸說和要求宏意法師暫時留下來，幫忙照顧道場和淨海法師。宏意法師見到當時的情景，雖然一切不在他的計畫中，但為了讓淨海法師能安心治病，就義不容辭地勉強答應留下來。

淨海法師在美國，經過幾個月的醫療無效後，因不願意麻煩休士頓的信眾，所以決定回臺灣醫治。返臺後，臨時暫住在臺北善導寺，然後住進臺北中興醫院。醫治未見效果，之後轉到臺中中國醫藥學院附設醫院治療。初時病情日漸加重，幾至不起，醫師們也認為淨海法師沒有希望了。淨海法師回憶說，當時躺在病床上，近一個月時間都無法入眠。胸腔內部就像被繩索緊緊地綑綁著一樣，非常難過，飲食無味，食量漸減。當時有一份文件需要簽字，在身邊照顧的瞿實清居士扶淨海法師坐起來，但法師連執筆的力氣都沒有，幾乎簽不出字來。淨海法師說，當時，每天只有臥在床上忍受病痛，閉目養神度日，等待死亡的到來。他那時已是死馬當活馬醫，對探病者提供的祖傳祕方，都當水服下。一日，服用信眾攜至一位姓廖的士中醫配方的中藥後，肺疾忽然奇蹟般地慢慢痊癒。在醫院治療期間，並得到臺中慎齋堂住持普暉法師等熱心的護持飲食等供養。淨海法師出院後，先在臺北北投稻香路了中法師的精舍休息調養。經過半年，健康漸漸恢復。當年冬天，淨海法師還參

加了中法師率領的印度朝聖團，朝禮佛教八大聖跡，因緣真是不可思議。來年春，淨海法師又獨自回到了休士頓佛光寺，信眾們無不感到欣喜萬分。後來，佛光山星雲法師在一本《跨越生命的藩籬》書裡談到：「淨海，十年前在美身染重病。全身發黃、水腫，自知來日無多，為了死後落葉歸根，毫不猶豫的返臺，等待死期。後遇一機緣，病因而痊癒，幸運地逃過一劫。我們也有不少人取笑他從閻王老爺那裡回來。」

七、病後印度朝聖略記

一九八〇年冬，淨海法師在了中法師的精舍養病約半年，身體已漸恢復健康，期間了中法師發心積極籌備一個印度朝聖團，朝拜佛教聖跡，團員多數為僧尼另加數名居士。淨海法師覺得這個機緣甚為難得，不可錯過，於是決定報名參加。印度是個熱帶國家，一年分三季，即夏季、雨季、冬季。夏季最為炎熱，雨季旅行不便，冬季較為涼爽。所以前往印度朝聖，十二月年底至來年一、二月份，氣候最為適宜。

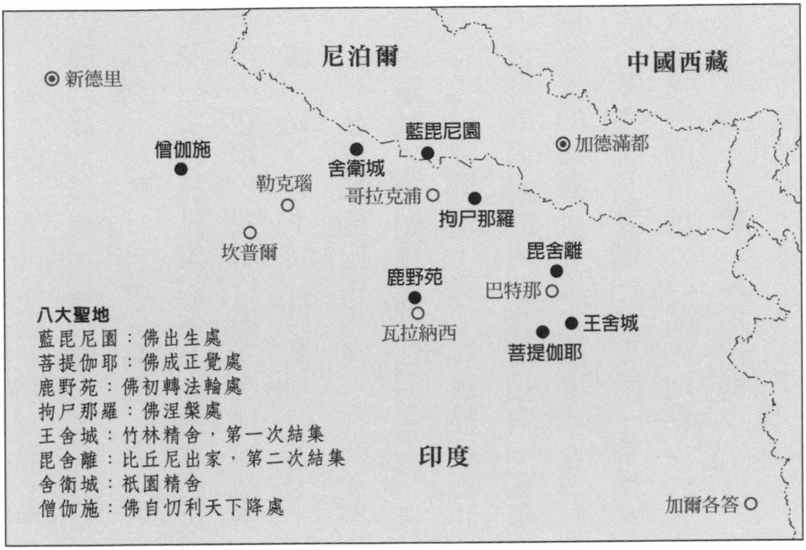

印度佛教八大聖地

朝聖團先從臺灣搭乘飛機至曼谷，再轉機直飛印度東北部比哈爾省的巴特那（Paṭnā），因為印度佛教聖地大多集中在北方幾省內。到達巴特那後，朝聖團的行程是搭乘長途遊覽巴士。因為當時印度還比較貧窮落後，道路、汽車、旅館、飲食等條件都非常差，所有行程，朝聖者都必須學習忍耐。

巴特那為比哈爾省首府，法顯的《佛國記》作巴連弗邑，玄奘的《大唐西域記》作波吒釐子城（Pāṭaliputra），也稱華氏城，是古印度摩揭陀國孔雀王朝（公元前三二一—公元前一八五）的都城，位於恆河下游南岸，為一座歷史悠久的城市。孔雀王朝第三位君主阿育

王（公元前二六九—公元前二三二在位），統一全印度後，全力推行以佛教信念為基礎的政治理想。為了使人民了解和奉行，在境內各地樹立石碑、石柱，用婆羅米文銘刻「法敕」，至今發現已有十五座，華氏城現存有一段斷裂的石柱。華氏城也是第三次佛經結集的地方，阿育王邀請一千位品德高尚的比丘，以目犍連子帝須為主持，在華氏城舉行第三次佛經結集，經過九個月完成。可惜從眼前貧窮落後的華氏城，完全看不到昔日繁華的風采。

朝聖團離開巴特那後，往西北行約八十多公里至佛陀最後說法處——毘舍離。毘舍離曾是佛陀講經弘法的重鎮，也是佛陀接受比丘尼出家，成立女眾僧團的地方；也是佛滅後，第二次佛經結集的地方，佛教最初分裂為上座部和大眾部。此處有阿難尊者舍利塔，塔旁遺有一根保存完整的阿育王石柱，柱高十多米，柱頂上威風凜凜的石獅。在毘舍離東北方還有維摩詰說法處的遺跡。

朝聖團員每到一處聖跡，都虔誠地做簡易的修行功課，尤其是佛教八大聖地。依抵達時的情況、時間、地點，大致上是禮拜、誦念《心經》、〈讚佛偈〉、稱念釋尊聖號、拜願、〈迴向偈〉，而後結束。親臨聖地，彷佛回到佛世，心中憶念佛陀住世的情況，佛陀及聖弟子的教化行誼，令人感動流淚。看到印度很多佛教聖跡

的損毀，荒涼無人照顧，也感到無限悲歎。

接著南行至那爛陀，巡禮興建於五世紀笈多王朝的佛教大僧院那爛陀寺，那爛陀寺後來發展為最早的佛教大學，名揚全印度，最盛時，有上萬僧人學者聚集於此。玄奘大師和義淨大師都曾在這裡求學，這裡有舍利弗舍利塔遺跡保存較為完整。

朝聖團再南下至著名的王舍城，此處有靈鷲山、竹林精舍、佛經第一次結集的七葉窟等遺跡。接著再南下至菩提伽耶——佛陀成正覺處。菩提伽耶在印度四大聖地中，為古今中外佛教徒最重視和必往朝拜的地方。頂禮金剛座，在菩提樹下靜坐誦經，繞著正覺大塔稱念佛陀聖號。整座菩提伽耶遺跡，充滿了虔誠的朝聖者。菩提伽耶在一九五三年以前，乃由印度教摩罕多派教徒管理，後經過佛教徒多年力爭，才成立一個九人委員會，委員包括佛教徒、印度教徒、摩罕多派、印度政府官員。至一九五六年，即佛曆二千五百年紀念時，改名為「國際顧問委員會」（International Advisory Board）。開放信徒朝聖後，佛教徒前往朝聖者逐漸增多。每年十一月至來年三月，是佛教信眾前往朝拜的旺季，據說平均從世界各地來的香客，每天都達到二千人以上。其他季節因為天氣炎熱，朝聖者減少很多。

夜半離開菩提伽耶，乘坐巴士行二百五十一公里抵達印度教聖城瓦拉納西（Varanasi），一行人行走在恆河邊畔，搭乘木船遊覽聖河及看日出。印度教徒相信只要在能在恆河中沐浴，或死後能將骨灰撒在恆河的水流淨化後，就可以洗滌罪業，超脫輪迴，所以見到有許多人在恆河邊沐浴，河岸上的火葬壇也不停地有屍體在燃燒。

由瓦拉納西向西北行約十公里，就是佛教四大聖地之一，佛陀初轉法輪的鹿野苑（梵名 Mṛgadāva），即現今之沙爾那斯（Sārnāth）。佛陀初成正覺後，風塵僕僕地從菩提伽耶西行二百五十公里到鹿野苑，為五比丘初次說法，揭示四聖諦、八正道的真理，組成具足佛、法、僧三寶的僧團。為紀念佛陀在此初轉法輪，此處有建於五世紀笈多王朝的達美克大佛塔（Dhamekh Stupa），是一座覆缽式的實心塔，塔身分上、下兩層，高約二十八點五公尺，塔身下層雕有精緻的花紋和人物、鳥獸等。不遠處，有一座八角形的五比丘迎佛塔（Chaukhandi）。鹿野苑古代是巨大寺院，苑內遺有大片廢墟遺跡，還有一根傾倒的阿育王石柱，著名的四獅柱頭被收藏在鹿野苑博物館中。

離開鹿野苑後，向北方遠行至拘尸那羅，這是佛陀八十歲時最後涅槃的地方，

浩霖法師（左起）、靈根法師、了中法師、性如法師、淨海法師，合影於鹿野苑達美克大佛塔前。

遺有佛陀涅槃紀念堂，內供六尺長的佛陀涅槃吉祥臥聖像，紀念堂後面是涅槃紀念大塔等。

再向西北行至哥拉克浦，越過邊境至尼泊爾中南部的畢柏羅婆（Pīprāvā）之特萊村（Terai），由導遊引導至藍毘尼園——佛陀出生處。在一九八一年時，藍毘尼園還非常荒廢，無固定人員看管維護，只留存一座像小土地廟的摩耶夫人紀念堂，十分破舊，堂內狹小，供奉一尊一手指天一手指地的太子誕生像。牆壁上有一幅摩耶夫人在娑羅樹下誕生下太子的浮雕。了中法師率領全體團員在紀念堂誦經祝福及虔誠

禮拜。在摩耶夫人紀念堂側，猶存一根截半的阿育王石柱，上面銘刻為「佛陀出生之地」。在摩耶夫人廟側，有一長方形水池，據說為佛陀誕生沐浴之水。池邊有一棵大菩提樹。其他還有一些斷毀的牆壁和小塔。見到這樣一片衰落現象，令人生起無限悲涼之感。

離開藍毘尼園後，再入境至印度，向西行至舍衛城，到達祇園精舍（Jetavana-vihāra），全稱祇樹給孤獨園，位於印度北部舍衛城南郊。祇樹是祇陀太子所有的樹林，給孤獨即舍衛城有一位須達多長者，因為經常救濟孤苦及貧病的人，故被稱為給孤獨長者。亦即合祇陀太子的樹林與給孤獨長者建築的園（精舍），供養佛陀駐錫弘法，它比王舍城的竹林精舍要稍晚一些，是佛教史上第二棟專供佛教僧人使用的建築物，是佛陀在世時規模最大的精舍，園內有經行處、講堂、食堂、廚房、蓮池等。園林中央有香室（相當佛殿），周圍有八十間小房。圍繞精舍之外，另有十八座僧伽藍。十二世紀末，伊斯蘭教軍隊入侵就被破壞荒廢了。一八六三年經過發掘調查，南北約三五〇公尺，東西約二、三〇公尺的遺跡露現出來。佛曆二千五百年紀念時，由印度政府規畫為公園。如今公園內據說有稱為阿難菩提樹的古樹、佛陀日常使用一口水井、七層塔構成的遺址等。

淨海法師帶領朝聖團攝於桑奇大佛塔前

朝聖團最後一站到僧伽施，是佛陀上生忉利天為母說法，三個月後經由三道寶梯回到人間之處。現在這裡是一處窮苦的村落，道路甚差，佛跡很少，只有阿育王石柱柱頭的石象，頭部缺損，用鐵欄杆圍住，在西南方有一個高起的磚頭土丘，是佛塔傾倒的遺跡。

淨海法師日後回想，在大病初癒的時候，能有因緣隨了中法師率領的印度朝聖團，前往印度，朝拜八大聖地，因緣真是不可思議，此行也帶給他精神上莫大的鼓舞。法師於二十多年後曾兩次親自組團，分別於二〇〇五及二〇〇九年，自美國前往朝拜印度佛教聖地。其中二〇〇五年，更曾前往印度朝拜著名

的桑奇大佛塔（Great Stupa of Sanchi），以及中部德干高原印度最大的石窟遺址阿旃陀石窟群。

八、宏意法師四十年共建德州佛教會

是諸佛菩薩的眷顧，是美南眾生善果的成熟。一九七九年淨海法師發心到休士頓創建佛教道場，一九八〇年時，又有素昧平生的宏意法師出現，從此開始在美南地區撒播菩提種子。

淨海法師說：「大概在一九七九年下半年，就聽一位住在紐約姓伍的居士來電話說，有一位新來美國的年輕法師，法名宏意，有時在紐約報恩寺演講佛法，很有口才，能把佛法義理很清楚地表達出來，大家很歡喜聽。」這是淨海法師初次聽聞宏意法師之名，已先留下一個很好的印象。

淨海法師一九八〇年重病返臺治療時，幸得慈悲的宏意法師，願意留在佛光寺，幫忙照顧道場，領導信眾，並創辦聯繫會友的雙月通訊《佛光法苑》。半年多後，一九八一年四月，淨海法師奇蹟般地病癒歸來，大家雀躍不已。但宏意法師也

因為淨海法師回來，覺得他的責任已完成了，所以決定回去紐約。後經信眾跪請及淨海法師懇切地挽留，宏意法師終於答應先回紐約處理事情，再返回佛光寺幫忙。當宏師再回到佛光寺時，看到房間裡面多了一張大書桌，而且是上好木質的材料，非常驚喜。原來是淨海法師知道他喜歡讀書寫字，所以趕在他回來之前，一個人到店裡買了搬回來。宏意法師日後曾說，淨海法師對他的這一份心，令他感動不已，也是讓他日後一直留在佛教會幫忙的原因之一。

一九九九年宏意法師（左）陞座，淨海法師（右）交接，永惺長老（中）證明。

淨海法師非常惜才，尤其是見到用功向道的出家人，更是歡喜讚歎。雖然他覺得自己沒有能力和福報因緣教育培養僧才，但一遇到有才能的僧人，總是讚歎鼓勵。淨海法師雖然長宏意法師二十四歲，但是從沒有把宏意法師當晚輩

看待，而是以同等的地位相處。淨海法師曾說，他看到宏意法師為佛教為眾生的悲心宏願，雖然有些時候，他們對事情的想法、看法不完全相同，但他對宏意法師有的只是信任、愛護與支持。宏意法師年輕有為、辯才無礙、善說法要，對信眾很有親和力、攝受力。在許多場合，宏意法師常常成為焦點人物，淨海法師總是默默地在一旁隨喜和讚歎。佛教會會議上決定的事情，不管是否符合淨海法師的初衷，只要決定了，淨海法師就全力支持配合，並不因為自己是會長，就要求享有特權。二十年後，真華長老曾經讚歎他們，兩位年齡相差二十四歲的法師，既非同鄉，也非同門師兄弟，但卻可以合作數十載，在佛門中，是被廣為稱頌的。

九、德州佛教會簡介

一九七九年春，德州佛教會在休士頓正式成立，為當時還是佛教沙漠的美南地區開闢了一幅新天地。多年來，在永惺法師、淨海法師和宏意法師三位住持的帶領下，以僧寶為領導中心，依靠廣大信眾的熱心護持，會員從十人左右發展到目前的逾千人，經歷了從佛光寺到玉佛寺，進而邁向美洲菩提中心的三個里程碑。

美南首座道場佛光寺

淨海法師的弘法理念，得到宏意法師的認同與合作，一起設計課程，安排活動。佛教會的各項弘法利生的活動，得到休士頓僑界的口碑讚歎。幾年之後，法會時佛光寺的大殿已不敷使用。一九八四年十二月開始，先在休士頓西南區華人集中的百利大道地段，租賃了一個面積為一千四百平方呎的鋪位，開辦「佛光講堂」，舉辦活動。一九八九年，因緣俱足，佛教會於交通便利、華人聚集的休士頓西南區，興建美國南部最大規模的佛剎——玉佛寺。一九九〇年六月二日，玉佛寺落成舉行開光典禮，當天，除了海內外的諸山長老嘉賓雲

集，德州的州議員、參議員及休士頓的市長，都蒞臨參加慶典，並宣布六月二日為「德州佛教日」。在以基督教為主的美國，在保守的南方德州，能將佛教介紹給主流社會，淨海法師領導的德州佛教會功不可沒。

新落成的玉佛寺占地兩英畝半，採四合院的建築設計，前有可以容納五百人的大殿、後有可容一百餘人的觀音殿，左邊廂房有關房、會務辦公室、五觀堂和廚房，右邊廂房除了多間寮房，還有小廚房、圖書館、藏經室和會客室。隔年，嚴寬祜、崔常敏伉儷更捐贈「佛教青年活動中心」兩層樓的建築物，興辦「菩提學苑中文學校」，嘉惠華僑子弟。玉佛寺因為空間寬裕，每個星期日上午的佛法講座，可以採用中、英語分別在大殿和觀音殿進行開示。自此，佛教會的弘法工作，進入了一個新的里程碑。淨海法師當初南向探索的一念，帶動了這一切的善因善緣，也非當時寄宿在留學生公寓裡可以預見的。

隨著華人移民及留學生的增加，淨海法師領導的玉佛寺法務興隆，法筵不斷，廣邀南、北、藏傳的法師陞座說法。一九九一年，達賴喇嘛的法駕，更打開了玉佛寺在美國社會的知名度，接引了無數的美國信眾。淨海法師英語雖不流利，但他也透過即席翻譯，為美國朋友介紹佛法。為了培養佛教弘法人才，淨海法師並於一九

九八年，設立「德州佛教書院」，安排有次第、有系統的佛學課程，定期開課，頒發結業證書。也由於開課的因緣，獲得臺灣福嚴佛學院厚觀院長的鼎力支持，從課程設計到師資的安排，一應俱全。每次佛教書院開學，擔任院長的淨海法師致詞時，總是洋溢著喜悅，歡喜看到年輕有為的法師授課，高興教室裡總是擠滿了求法的學生。淨海法師自己好學不倦，無奈在戰亂中未能受到完整的教育；數十年後，他可以在美國，為大家提供修學佛法的課程環境，是多麼地殊勝啊！

為了讓佛教在美國落地生根，自二〇〇一年，在淨海法師的支持下，宏意法師發心領導，為佛教會在休士頓北區購買了二九〇公路北方，位於沃勒郡（Waller County）幅員五百一十五英畝的土地，做為「美洲菩提中心」的建設基地。土地上，林木茂密，溪流丘陵交錯其間，環境優美，非常適合辦學、修行和弘法利生。「美洲菩提中心」的整體規畫設計，包括各種不同功能的建築：禪堂、念佛堂是靜修場所；善法堂是圖書館及視聽中心，並有三間教室；佛教書院是教學地方；靜居林能安單接眾；海會樓是行政辦公、舉辦活動的廳堂。此外，尚有戶外活動區、露營區、報恩塔、禪林、有機禪園等。

二〇〇九年，包括可以容納兩百人的禪堂、齋堂、男女眾寮房、報恩塔和靜居

一九九〇年美國休士頓玉佛寺落成，此為三門及大雄寶殿。

二〇〇九年美洲菩提中心禪堂兼佛殿落成

林建成。美洲菩提中心，彌補了玉佛寺場地不足之處，可以舉辦各種安定身心和淨化心靈的修學活動，也提供退休後想共修共住的佛教徒，一片人間淨土。

德州佛教會，雖為漢傳佛教體系，但不完全以傳統中國佛教的方式運作，而是採取適應此時、此地、此人的需要來設計考量，希望能將佛教在美國，逐漸轉型為本土化。德州佛教會以弘揚佛陀正法為宗旨，提倡正知正見，導入正信，以實現「人間佛教」為理念，達到佛法生活化，而可安頓人心。對佛教傳統，選擇固有良好的保持，而揚棄陳腐的陋習，不做經懺佛事，不強調神通靈異，堅持不抽籤、不燒紙錢、不看風水；同時也富有創新精神，為佛教開啟新面貌。佛教會從來不標榜一宗一派，一門一師來弘揚佛法，而是著眼整體佛教，融和包容，胸懷開放；不搞個人崇拜，不自我吹噓。注重佛法的實踐，解行並重。佛教會多年來曾安排邀請各宗派的法師、居士大德們來演講佛法，讓信眾有機會了解佛教的多元性，選擇自己適應的修學法門。德州佛教會的道風，也博得仁俊長老、懺雲法師、幻生法師、了中法師、浩霖法師、超定法師等諸位法師的蒞臨普照。不需數年，美南的佛法沙漠已成綠洲。

德州佛教會的弘法活動安排，解行並重、禪淨雙修。為念佛人（念阿彌陀

佛），安排佛一、佛三、佛七共修；為禪修者，安排禪一、禪三、禪七共修。淨海法師認為初學佛者，應當多了解佛教基本義理，修持四念住、三十七道品、六波羅蜜，由培養正知正見而起正行。而淨海法師個人的修持，比較歡喜默默地靜坐，修習身念住呼吸法，較能攝心淨念。平時生活中，或身體病痛時，淨海法師也念佛，主要是默念和憶念「南無本師釋迦牟尼佛」，更覺得有親切感，如佛在目前。在淨海法師的思想觀念中，更重視人間淨土和人間佛教。在弘法活動的安排上，契理契機地善巧設計，接引不同根性的眾生。

曾經有一位相識多年，修行彌陀淨土的老比丘尼，不甚同意淨海法師的作法，她說應當要專念阿彌陀佛才能往生西方淨土。淨海法師為了維護她原有的信心，也只好說：「那您將來生到西方極樂世界後，回來有緣來度我吧！」

十、美國各州弘法播種

一九八〇年至二〇〇〇年間，隨著華人移民的增加，美國華人的佛教，獲得進一步的發展，也不斷有華僧來美國旅遊、弘法或居留。但能講經說法，弘揚佛法的

法師不是很多。淨海長老初到美國南部休士頓成立佛光寺後，經過兩、三年，附近城市及各州常有華人佛教徒，特別前往佛光寺，請求法師前往說法，或協助籌組佛教社團或佛學社，也有遠從臺灣、東南亞、南美洲阿根廷來請法的。淨海法師是早期在美國，遠赴外地弘法的先驅之一。

達拉斯（Dallas）佛學社：一九八三年夏，達拉斯有正信青年佛教徒葛光明、曾繁聰、游建泰居士等人，成立「達拉斯佛學社」，虔誠禮請淨海法師指導，並定期輪派法師居士前往達拉斯為當地信眾舉行共修及說法活動。他們說達拉斯約有華僑二萬人，不少人信仰佛教，尤其有些青年及留學生，對佛法很有興趣。於是德州佛教會固定每月輪派法師前往達拉斯弘法一次。

德州大學奧斯汀（UT Austin）佛學社：一九八六年遷居奧斯汀的會友黃大強、鄭素卿夫婦發起成立德州大學奧斯汀佛學社，邀請德州大學奧斯汀分校的留學生（最初大多是來自臺灣的研究所學生），每個月在黃居士家聚會兩次，時間安排在星期五晚上七時至九時半，並提供素食晚餐，由淨海法師和宏意法師輪流前往說法。一九八七年，由德州大學學生申請了佛學社社團，改名為奧斯汀大學佛學社，聚會移到大學的交誼廳說法，仍由黃大強夫婦護持。

路易斯安那（Louisiana）佛學社：一九九〇年，路易斯安那州紐奧良佛學社由丁鳳英、胡湘琪、蘇太太、熊湘玲、黃秀玉居士等發起成立，推選丁鳳英居士為會長，擔任到一九九九年。每個月法會由淨海法師、宏意法師主持，後來亦輪請許巍文長者、融通法師、圓果尼師前往主持。

德州佛教會拉瓦卡（Port Lavaca）分會：台灣塑膠工業股份有限公司（台塑）在美國多處設廠，在德州拉瓦卡港亦設有分廠，員工多數來自臺灣，都為知識分子，其中不少人信佛。一九九〇年代，由吳堯明、周照照、黃峰彬、李葉共、陳宗德、黃碧蔭等居士共同發起成立「德州佛教會拉瓦卡分會」，每月集會兩次，德州佛教會固定每月輪派法師前往弘法。

聖路易斯（St. Louis）佛學社：一九九〇年六月，玉佛寺建築完成，舉行落成開光典禮，有三對年輕夫婦遠從密蘇里州聖路易斯開車來參加慶祝，在請求皈依後告訴淨海法師說，美國中部數州都沒有華人佛教道場，他們計畫成立「聖路易斯佛學社」。社址先暫設在一位李姓居士家，祈求淨海法師擔任社長，每兩個月一次輪派法師前去弘法，指導大家修持和研討佛法。淨海法師前往指導多年後，一九九五年，推薦德學兼備又多才多藝的青年繼如法師，發心負起領導責任。不久，繼如法

師在奧古斯塔（Augusta）郊區購得山坡地六十多英畝，改名「美中佛教會」，經過二十多年努力的不懈，現已成為中部佛教重要和著名的弘法道場。

由於淨海法師抵達美國南方拓荒，促使珍貴的優曇花在南部多州遍地開花，讓更多眾生得以沐浴在佛光中。

此外，還有美國中西部印第安納州的普度大學、密蘇里州的華盛頓大學、密蘇里州立大學、俄克拉荷馬州立大學、俄亥俄州立大學、佛羅里達邁阿密佛光山佛學社、麻州佛教會普賢講堂及千佛寺等地，也曾不定期邀請淨海法師前往講說佛法。一九八七年，南美洲阿根廷的華人「旅阿中國佛教會」邀請淨海法師前往弘法三週，並受邀安排至布宜諾斯艾利斯天主教柏格諾大學（Universidad De Belgrano）東方學院演講〈佛教在中國〉，並獲頒贈該大學的榮譽博士學位。

另外，一九八七年十月，淨海法師承臺北華嚴蓮社成一法師的邀請，擔任華嚴蓮社第五任住持，法師說這實屬掛名住持，直到一九九三年十月為止，前後達七年。但在每年春、秋二季時，淨海法師都要回臺主持華嚴誦經法會，每次十日法會期間，除領導信眾熏修，並隨緣說法開示，而華嚴蓮社的寺務，實際上仍由董事長成公負責。據一些傳說，因為華嚴蓮是臺灣著名的佛教道場，由智光、南亭二位長

一九八七年淨海法師榮獲阿根廷柏格諾大學東方學院授與榮譽博士學位

一九八七年淨海法師（左一）接任臺北華嚴蓮社第五任住持，當日出席者包括：超塵長老（左二）、成一長老（中）、悟明長老（右二）、了中法師（右一）。

老創辦，曾有口述遺言，希望蓮社住持長久要由有名望的比丘擔任。二位老人圓寂後，順理成章地由成公陞為第三任住持兼董事長。當成一法師年齡高時，於是特聘請了中法師為第四任住持。不久了中法師就任著名道場臺北善導寺住持，及為籌辦玄奘大學辛勞各處奔走，無法兼顧華嚴蓮社寺務，而堅辭住持之職。這時他們尋找適當人選，就推選淨海法師擔任了。

淨海法師弘法的熱忱，識人的眼光，容人的心胸，隨緣自在的修持，四十年來，帶領著德州佛教會，穩步地向前邁進。

十一、求知若渴初學中文電腦

淨海法師自己在研讀經藏的時候，深深感觸到，如果身邊有幾本好的工具書，可以讓研究工作達到事半功倍的效果。與其坐等樣樣現成，淨海法師決定發心編寫一本精簡佛學辭典，嘉惠佛學研究者。淨海法師說，他在一九七〇年代末，購買了一台中文打字機，自學中文打字。但中文的常用字多達兩、三千字，要在中文字盤上找字，速度實在太慢了，比手寫還慢很多，而且打好的字，又要放到字盤上原來

的方位，操作實在不理想。因此，很快就放棄不學了。幾年後，因見香港及大陸有佛教學者編著出版了很好的現代佛學辭典，編著精簡佛學辭典的工作也放棄了。

有位資深會友回憶說，法師對學習新東西一直保持著高度的熱忱。法師曾經有一台中文打字機，摸索了很久都不會使用。但到新年時，這位信徒竟然收到長老用那台中文打字機，打出的小卡片，真誠地感謝義工的用心護持。雖然只是短短的幾個字，卻讓信徒感動不已。

到了一九八〇年代，英文系統的電腦已經很進步，而且開始發售個人電腦，成為資訊革命的推手。英文電腦普及後，中文電腦在兩岸三地，還在初研發階段，有多家科技公司開始研發，開發的瓶頸卡在中文輸入法上。

不久朱邦復先生設計出一個與英文字母相近，簡單的倉頡輸入法，將中文方塊字構造原理分拆成約一百個字形，歸納在二十四個中文字根之內，然後用這二十四個字根借用英文鍵盤來輸入中文字，方式就如用二十六個英文字母輸入英文一樣。

淨海法師早在一九六〇、七〇年代，即常為臺灣各佛教雜誌寫稿，同時又在編著《南傳佛教史》，當時文章都是用手繕寫在稿紙上，每逢校定修改，就要一次又一次重新謄抄，非常麻煩費時。八〇年代中期忽有中文電腦的發明，真令淨海法師

淨海法師使用中文電腦編著及翻譯叢書

喜出望外，他希望能盡快學會中文輸入法，未來能更有效率地處理文字工作，而且能打印出既整齊又美觀的文稿。

一九八四年秋，淨海法師在休士頓的中文報紙上看到一則華人電學工程師翟先生開設中文電腦教學的消息，法師即刻報名參加學習。淨海法師還記得開學上課時，班上有六、七個學生，其中有兩位年齡比較大的，一位是張雷神父、一位就是淨海法師，後來他們二位就被稱為休士頓華人學習中文電腦的老前輩，也成了不同宗教信仰的好朋友。

初學中文電腦，最重要的是先要學會一種中文輸入法，淨海法師說他因為不會國語注音及漢語拼音，只好自學較難的倉頡輸入法了。學會了倉頡輸入，淨海法師也在一九九〇年開始，將德州佛教會已經出版十年的「手抄版」雙月刊《佛光法苑》，改為電腦排版。讓雜誌更精美，內容更豐富了。

九〇年代末，當淨海法師第一次帶著他的個人電腦，陞座說法，在玉佛寺大雄寶殿星期日的佛學講座，用他自己製作的簡報圖表講說《心經》時，台下聽眾無不對這位年近七十的法師肅然起敬。

十二、少小離家老大回

一九四九年春，因國共戰爭，淨海法師逃難到臺灣，從此就與家鄉的師父、兄弟、妹妹等人，音信隔絕，他們都不知道淨海法師去了哪裡，以為失蹤了。一九七八年底，中國大陸宣布經濟等改革開放，居住在海外的華人，終於可以回國探親了。

一九八二年，淨海法師寫信試投寄給江蘇儀徵資福寺的灼然師父，不久驚喜接獲從未見過面的妹夫回信，告知家鄉親人的情況。一九八三年夏天，淨海法師申請辦好返鄉探親的手續，秋天即起程返鄉探親，計畫先經過香港停留，然後入境大陸。未料在香港停留時，忽然接到德州佛教會的越洋電話，告知在美居留弘法的幻生學長，到休士頓的德州醫學中心進行心臟手術後，傷口流血不止，當時

佛寺只有宏意法師代理寺務，希望淨海法師能迅速回寺處理。因此淨海法師只好暫時放棄回鄉探親的行程，立刻趕回休士頓。所幸，到醫院探望幻生法師時，已經安然無恙。

不久，淨海法師覺得取得美國護照出外旅行比較方便，便向美國移民局申請公民入籍手續。但申請兩年多，都沒有獲得批准，之後請人到移民局詢問，才知道考試時，漏考閱讀英文一項，所以案子被擱置了下來，於是再申請補考閱讀，到一九八五年初才獲公民身分。

當年春天，淨海法師再啟程回鄉探親，這次經過日本赴上海入境，在上海玉佛寺掛單住兩宿，看到上海市容還是四十年前的老舊樣子，景物依舊，但人事已非。首次返鄉，淨海法師在美國預先訂購一台日製彩色電視機，準備送給妹妹、妹夫一家。在上海領取到彩色電視機後，即乘火車至鎮江站，然後包了一部三輪車，可以直接上渡輪，渡長江至儀徵縣淨海法師的妹夫家。

到了妹夫的住處，他們全家人都興奮地在家裡等待著迎接法師。見面介紹後，知道妹妹、妹夫育有一子、二女，及一個孫子，全家人住在一間三合小院子裡。妹夫是小學教師，子女都在工廠上班，孫子上高小，全家生活環境都不錯。

一九八五年淨海法師（右三）首次返鄉，與家鄉親人合影。

第二天，淨海法師的二哥和四弟都從鄉下走路趕來看望淨海法師。四十多年前分別時，大家都還只是少不更事的青少年，再相見，都已年屆半百，兩鬢飛霜了。兄弟手足，在動盪的亂世，走過曲折艱辛的歲月，久別重逢，真是恍如隔世。經過交談後，法師才知道妹妹和四弟，自幼就送給別人家收養，也改了姓名，不過他們的環境還都可以。再住兩天，二哥、妹夫、妹妹和淨海法師四人，一起租包一部汽車，回到他們的故鄉泰縣俞垛鄉茅家村（現屬姜堰市），長老出家的叔叔師父及大哥仍住在原有的舊地。

一行人先拜訪多年未見的叔叔師

父——灼然上人。他已經七十多歲了，在文革期間，曾被清算送去青海勞改十三年，上人身體羸弱，單獨居住在一間陰暗的小草房裡，因他肺部有舊疾，親友都遠離不敢多接近，只有淨海法師的大哥煮飯菜送給他吃，又怕他會傳染，上人已完全失去青年時期的風發了。當晚淨海法師與師父同住在草房裡，時逢梅雨天氣，潮濕的空氣中有股霉味。晚上他們二人輕聲交談，談話中，感覺到師父文革遭受批鬥和迫害的餘悸猶存，令淨海法師十分心酸。淨海法師供養師父三百美元，那時物價很便宜，不算是一筆小錢，勸請他老人家注重改進飲食和醫療，讓身體健康起來，以後再改善環境。第二天淨海法師住在大哥家，他有一子一女，還有兩個孫子，同時還拜訪了其他的親戚。

辭別師父和大哥時，淨海法師告訴他們，以後每隔一、兩年，就會回去看望他們一次。然後仍回到儀徵妹夫家，休息數日。之後，一同到南京、蘇州、上海、杭州各地名勝一遊，並順道朝禮普陀山和九華山兩處勝地。每到一地，淨海法師盡可能在大叢林寺院中掛單，隨眾上殿做早晚課誦，一方面參訪朝拜，一方面回味以前住在寺院叢林的感覺，如南京的棲霞寺、蘇州的靈巖寺、杭州的靈隱寺、普陀山的普濟寺、九華山的天台寺等。

兄妹等人，如寺院中有客房，就住在寺院裡，若沒有就住附近平價的旅社。之後，又回到妹夫家住了一星期。淨海法師再分別到二哥和四弟家做了訪問，二哥有三女，一子在幼時意外溺水夭折了；二嫂原來患有頭昏宿疾，發作起來就要枯坐或昏睡多天，後來淨海法師出資請醫生幫她治好。四弟有二子一女，次子石先平考進一所國家重點學校，著名的西南交通大學，攻讀材料系金屬材料及熱處理專業畢業，品學兼優，算是家族中最有教育文化的人。

住在妹夫家時，淨海法師特別抽空叫一部汽車前往儀徵三大名寺舊址一訪，結果發現寺院都已變為民房或農村平地了，只有天寧寺留下一座破損的舊塔存在。據說在新中國成立後，至文化大革命期間，三大寺就被拆除了，真令人不勝稀噓，感到世間的無常壞滅。

淨海法師在儀徵和泰州訪問時，兩地的縣、州政府僑辦處都曾舉辦宴會，接待回國訪問的僑胞。兩次宴會上，淨海法師都與兒時在隆覺寺的住持養廉和尚不期而遇。養廉和尚在臨解放之前，即逃到鄉下農村還俗。因此，沒有遭到清算鬥爭的迫害，後來更成為地方政府的基層幹部。見面時他已近八十高齡了，身體很健康。淨海法師向他致敬問安，尊稱他為長者，避談過去在寺院被體罰的往事，並供養他

一個美金紅包。而他對淨海法師後來能出國留學，獲得學位，又至美國弘法，著書立說等，除祝賀淨海法師的成就，也頗感訝異。當第二次在常州天寧寺相見時，他還特別贈送淨海法師一枚精美的石刻印章及印盒做紀念，日後淨海法師在中文文件上，有時還會用到。

這次回國探親，淨海法師帶了已出版的兩本書，一是初版的《南傳佛教史》，一是由泰人求那波瑜多編繪、淨海法師中譯、呂繩安教授英譯、李宴芳居士著色的中英彩色《佛陀畫傳》各兩本。淨海法師將這兩本書，一份贈奉師父灼然上人，另一份送贈他的妹夫，因為妹夫高中畢業，擔任小學老師三十多年，通達文字，國文基礎甚好。但後來據灼然上人信中告知，贈奉師父的那本《南傳佛教史》，被泰州市政府要求拿去，說要保存在市政府做文獻資料。

在這趟旅行途中，淨海法師的妹夫為了節省金錢和時間，三餐常到人民公社食堂進餐，一般號稱吃大鍋飯，須先購買各種食卷，取得碗筷後，接著排隊，憑票取得食物（櫃檯有服務員分配），然後找位置進食。這要比進個體戶食堂（私人開的），便宜一半以上。但這時正處國內改革開放期間，人民公社已逐漸減少。有時也到平價旅社住宿，一家人同住在一間大房間裡，每人只要人民幣約兩、三元。淨

海法師說：「這是我一個有趣的生活體驗。」

到一九八五年底，淨海法師收到師父灼然上人的信函，告知他的身體略有好轉，很希望淨海法師能設法幫助復興在家鄉泰縣溱潼鎮，唯一保存未被破壞的普濟庵祖庭。但當時普濟庵已被兩三家俗人占住，很破舊了。如要復興，先要有一筆費用津貼遣散那些人。淨海法師說，那時他在美國初創道場，也有困難，但師父的寄望和命令不敢違背。於是盡其所有，籌措約三萬美元，準備次年春天回國察看，再視情況而定。如祖庭不能復興，就在家鄉建一間小房子供養師父養老。未料，淨海法師在翌年四月間，接到妹夫來信告知，師父上人已在一九八六年三月十二日，因感冒引起其他併發症圓寂了，並且已經辦完後事，淨海法師感到很悲傷。所以，恢復祖庭普濟庵的事就停止了，因為淨海法師覺得恢復了，也無適當僧人管理照顧，沒有實際意義。

一九八七年秋，淨海法師第二次回大陸探親，這次路經香港，探望永惺長老等，然後乘火車由香港至廣州，掛單在著名的光孝寺三天。客居寺中的招待所期間，淨海法師每天早晨起身後，都進殿參加早課及過堂早餐。同時參訪了六榕寺、華林寺、海幢寺及七十二烈士墓名勝等。然後搭乘飛機到南京，仍住妹夫家。

因為淨海法師的父母都早逝，兄弟及妹妹一家人多少都曾受到叔叔灼然上人的照顧，此恩銘記於心，永誌不忘。因此淨海法師抵達後，即約同兄弟妹妹們，回到泰縣家鄉茅家村，拜祭已經圓寂的叔叔師父。當時國家政府的政策，農地田畝要盡量耕種生產糧食，普通人民死後，都不准建造墳墓及立碑文等占用土地，只能火化深埋於地下，祭拜時，只看到有一塊三、四坪的草地，有幾個先人的小土堆存在。緬懷恩師，未能及時行孝報恩，淨海法師深感遺憾。

淨海法師此次返鄉，正逢秋季農忙時期，兄弟們要忙收獲，無暇多陪伴，只有妹夫退休了較悠閒，而且他對國家地理方位比較熟悉，所以相約前往北方和西北方一遊，安排一趟中國佛教的巡禮。兩人先由南京坐快車到北京，掛單北京廣濟寺，這是中國佛教協會的所在地。先拜訪了擔任中國佛教協會第一副會長、北京市佛教協會會長、中國佛學院副院長、北京廣濟寺住持正果長老。他們被招待住在客房。客房是一棟大房屋，裡面放置了許多床鋪，沒有屏障，彼此可以互相看到。因在秋天，天氣不冷，床上只鋪一條草蓆，放一個枕頭和一條小被子。當時客人不多，只有淨海法師及他的妹夫，另外一位是來自雲南西雙版納的佛教學者劉岩居士，相見後大家覺得很投緣。淨海法師在廣濟寺掛單住五天，晨起參加做早課，早餐後就和

妹夫外出旅遊，參訪了西山佛牙寺、法源寺、中國佛教高級佛學院、雍和宮、大鐘寺、長城、故宮、天壇、頤和園、圓明園，並乘坐遊覽車往郊外的潭拓寺、戒台寺等參觀，每天晚上回到廣濟寺休息。由於同住的劉岩居士是研究西雙版納的南傳佛教學者，晚間常和淨海法師討論南傳佛教的問題。

淨海法師這次返鄉探親及佛教訪問，帶了三本初版《南傳佛教史》，準備分贈給中國佛教協會、中協會會長趙樸初長者、北京法源寺中國佛教高級佛學院各一本。劉岩居士知道了，非常希望淨海法師能贈送一本給他，做為研究參考用，淨海法師於是將欲贈給中國佛教協會的一本，改送劉岩居士，令劉居士欣喜萬分，如獲至寶，即刻開卷展讀。劉岩居士認為那是一本研究南傳佛教最好的參考書，促使他後來也編著了一本《南傳佛教與傣族文化》出版（雲南民族出版社，一九九三年）。

淨海法師贈送給趙樸初長者的《南傳佛教史》，是託中國佛教協會駐廣濟寺高級辦事人員代轉的。之後，辦事人員詢問淨海法師，要不要安排去會見趙樸初會長？淨海法師因為顧及老人家年歲已高，而且公務繁忙，所以就請不做安排了。趙樸初長者收到書後，特委託祕書寫了一封短函，會長本人簽名，寄到美國休士頓佛

光寺表示致謝。

淨海法師和妹夫離開北京後，即乘火車轉到山西大同，參觀了開鑿於北魏的雲崗石窟、上下華嚴寺，並朝拜文殊菩薩的道場五台山各名勝道場。更包一輛小汽車，專往較偏遠的南禪寺、佛光寺，參觀已有一千四、五百年歷史的古剎建築、佛菩薩聖像雕塑、壁畫等。五台山下來後，繼續乘火車至古都西安，此為古代六朝古都，參觀了古城牆、兵馬俑博物館、法門寺、大雁塔、小雁塔、大興寺、碑林等。一路行來，看到佛教傳入中國的發展、興盛與衰微，見證無常。

次日搭乘火車到天水，參觀天水郊外東南約三十公里著名的麥積山石窟，整個一座大山體如麥垛形狀，麥積山石窟在東晉十六國後秦時開始開鑿，東、西兩巖共有一九四窟，以棧道相連，其中石雕、泥塑、壁畫佛像，約有一千尊以上，整座山約近二十層樓高。改革開放初期，棧道因年久失修及未維護，參觀的人走在棧道上面向上爬，木板會發出吱吱喳喳的聲音而且有些搖晃，下來也是如此，走起來心驚膽顫。過後，乘車到蘭州，參觀了流過市區壯闊的黃河，跨黃河大鐵橋，岸邊的母子雕像，具有啟示性，充分表現人間真善美的親情。

二人再乘坐火車到敦煌，次日整天參觀了著名的莫高窟，又稱千佛洞，位於敦

淨海法師一九八七年攝於敦煌莫高窟

煌城東南二十五公里處的鳴沙山，始建於前秦公元三六六年，經隋唐至宋元歷代增修，現存洞窟共四百九十二個，分為三層，壁畫面積四萬五千平方公尺，彩塑像二千一百多尊，石窟大的高達四十公尺，小的僅能伸進人頭。塑像最高的達三十三公尺，最矮的僅有數厘米。敦煌壁畫馳譽中外，畫面大的有六十五平方公尺。內容有佛像、佛教史跡、佛經故事、飄逸的飛天及神話等。全部畫面如按二公尺排列，可構成二十五公里的畫廊。當時因國家剛開放，無錢裝飾維修，僅有重要的石窟有少數守護者看管。各石窟走馬看花參觀完畢，再到

神祕的月牙泉一遊，然後騎駱駝、登沙山、滑沙等遊戲。再到酒泉，參觀長城西端嘉峪關，因時間晚了來不及，就回到敦煌賓館休息。二人還買到當地出產的多種水果，如哈密瓜、葡萄、桃李等。淨海法師回味，那些甜美的水果，風味絕佳，令人難忘。

淨海法師第二次返鄉探親及遊覽，參訪了名山古剎，巡禮了石窟藝術，最後購得長途火車臥票，經過一夜一天回到南京。

一九八九年秋，淨海法師第三次回大陸探親，經過香港，然後搭乘港龍航空飛機直飛南京，仍住在他妹夫家。拜訪親屬後，買到機票，與妹夫飛往四川成都，晚上趕到峨眉山下報國寺掛單。次晨，起身參加早課，早餐後參觀報國寺巨型瓷佛、紫銅華嚴塔、文物書畫陳列等。再上山經過清音閣，四周多參天古木、秀峰、溪澗。沿著路道前行，見到猴群向香客乞食，旁有馴猴師管理，如稍不留意，猴子會向香客搶食物吃。繼續上行可到洗象池，再繼續攀登至海拔達三千公尺的金頂，此處有創建於東漢的普光殿、始建於明朝的臥雲庵，內有齋堂和客房可供遊客食宿，旁有睹光台、舍利岩。淨海法師二人夜宿金頂，次晨，他們雖然早起，但因山頂雲霧籠罩，加上毛毛細雨，結果雲海、日出、佛光三大奇觀，都未能看到。自金頂下

山，經萬年寺，主殿供有北宋鑄造騎白象的巨型普賢菩薩銅像，高七點三八公尺，重量六十二頓，峨眉山是以專供奉普賢菩薩為主。朝禮完峨眉山，二人即回到成都下塌旅館。

次日參訪文殊院、杜甫草堂、武侯祠、青城山、都江堰。再次日，至樂山凌雲山凌雲寺，參拜大佛，即山的西壁、岷江東岸的樂山大佛，為依山體而鑿成的一尊巨大的彌勒坐佛，通高達七十一公尺，是中國最大的石刻佛像，創建於唐開元年間。佛腳下為岷江、大渡河、青衣江匯流之處。二人再至成都西北郊，參訪古蹟寶光寺，寶光寺占地十萬平方米，由四百餘根大石柱構成。內置有文物：唐代舍利寶塔、梁代玉佛和石雕舍利塔，還有蜀漢章武銅鼎、唐代顯慶陶塔、元代金銀粉寫的《華嚴經》，以及舍利子、優曇花和貝葉經等。大雄寶殿全用四十二根石柱支撐，雄偉壯嚴，殿中供奉釋迦牟尼佛。

第四天早晨二人離開成都，乘坐長途汽車往大足縣出發，朝拜距離約一百多公里遠的大足石刻。大足石刻最初開鑿於初唐永徽元年（六五〇年，尖山子摩崖造像），歷經晚唐、五代（九〇七—九五九），盛於兩宋（九六〇—一二七八），明清時期（十四—十九世紀）亦有所增刻，最終形成了一處規模龐大，集中國石刻

藝術精華之大成的石刻群，其內容為釋儒道三教合一，堪稱中國晚期石窟藝術的代表，但以佛教題材為主，也是中國南方石窟藝術中的頂尖之作。第五天早晨二人回到成都，並購到特快火車票，經過一夜一天多，回到南京的妹夫家，結束了這次長途多日的旅行參觀。

淨海法師每次回國探親，總會參觀拜訪很多佛教著名道場，但他走到哪裡都極低調，就如國內普通行腳掛單僧人一樣，採用自由行模式，未打擾道場常住，也未多與國內佛教界人士交往應酬。法師不歡喜排場，但如偶爾遇到盛大的歡迎，也能隨緣適應。另一方面法師也很老實地說，由於當時他在美國初創道場，經濟困難，國內剛改革開放，佛教內部各處都待復興，法師只感到非常慚愧，私囊羞澀，也無力多出錢資助。

一九九〇年之後，淨海法師也曾多次組團前往中國大陸參訪名山古剎，足跡遍及各地風景名勝，四大（或五大）名山（加供奉彌勒菩薩的浙江雪竇寺）、五大石窟及各著名寺院，因為團員人多，不方便在寺院掛單，只好改住賓館了。

十三、外現聲聞內祕菩薩的長者

淨海法師說：「我對佛教是有熱情的，但我個人很平庸，無德無能，沒有什麼成就。平常我與人及信徒之間相處，比較平淡，真誠而不攀緣，不懂得外交手腕，又羞於開口向人化緣，所以有力護持者不多，開創道場比較辛苦，成就佛教事業艱難。但德州佛教會在美南地區，四十年來，能穩定地成長，發揮弘法道場的功能，我還是要感激很多人的護持，三寶的加被。」

法師的處事態度，信眾相處，領眾教化的方法，或許可以簡單歸納成：「隨和平淡，隨順授權，隨緣任事。」隨和平淡，到完全沒有任何法師架子，平易近人，如沐春風。德州佛教會的雜誌《佛光法苑》曾如此形容法師：「人在大難之中，往往很難保持一種冷靜的觀照，法師淡薄寧靜，語默動靜總給人一種安定的力量，彷彿蔚藍的大海，歷經波濤之後，又能從絢爛歸於寧靜。」

在信眾的訪談中，幾乎每個人都曾提到，法師謙和近人的個性，完全沒有出家者老的高儼孤冷。年輕的信徒義工說，親近法師，就像是見到家中的長輩一樣親

切。法師對義工總是關愛讚歎，從未見法師大聲說話。

九〇年代在休士頓大學攻讀碩士的一位會友回憶說，她那時發心在玉佛寺圖書館做義工，幫忙整理圖書，並將館內書籍借閱電腦化。淨海法師見到他們年輕的一群義工，總是很開心，常常會拿些餅乾點心慰勞他們。法師輕輕地一聲「辛苦了！」，就讓義工們疲憊頓消了。後來有一年，淨海法師還因為玉佛寺年度「青少年佛學夏令營」的主辦人沒有著落，親自勸請這位年輕的會友發心承擔。這位年紀比淨海法師小五十歲的會友回憶說，見到長老法師至誠懇切地對她勸說，心中的感動與慚愧油然而生。法師為佛教事業的費心，對年輕人的尊重，立即點燃了這位會友的發心。

《佛光法苑》是一九八〇年九月開始，由德州佛教會發行出版的雙月刊雜誌，九〇年後，淨海法師是主要的撰稿和總負責人。《佛光法苑》的編輯，經過多次改版、變革、稿荒、人力拮据等等困難，能夠發行出刊四十年不輟，法師的全力支持與充分授權是首要因素。九〇年代的資深編輯回憶說：「長老不是多話的人，當編輯們在佛寺通宵達旦趕稿校對時，有時長老還會親自下廚或帶些點心前來慰問，但從未見過長老焦急地催趕進度。」她如此形容長老，寬仁大肚，信任也容忍委派的

義工執事，充分授權，不加干涉。《佛光法苑》在二十多年前打算全面改版，由黑白二十四開的小本通訊，轉型升級為十六開的彩色封面雙月刊。她說法師聽過報告後，從未質疑和搖擺，而是給予完全支持和鼓勵。為雜誌撰寫的文稿，請法師先過目，他總是點頭稱讚，給人信心。前主編還提到，有一段時間，曾因需要分擔家中的經濟，想向外找工作。長老得知，即向董事會爭取，聘她為半職人員，為佛教會做編輯等事。她請教法師，工時如何計算，法師說：「妳自己衡量即可。」《佛光法苑》的專題內容，編輯分配，專訪編輯等新的內容改變，法師們的文稿編輯出版成冊等文化事業，淨海法師也完全放手，充分信任和全力支持。《法苑》在編輯過程，也曾出錯。有一次封面有錯，需要重印，如實稟告長老，他也不曾責難。

法師處事的原則通常是「有多少因緣，有多少能力，則做多少事情」，隨順因緣而行，較少逆勢強為或是擇見固執。法師體卹信徒義工勞心勞力地為寺務活動，不分日夜辦得焦頭爛額，給予「不必辦得那麼辛苦」的安慰。法師隨緣做事的方式，多年下來，佛教會的事情仍然繼續推動，也沒有減少。或許隨緣盡分，才是細水長流的動力呢！

團體裡大家一起做事不免有意見相左或人事紛爭的時候，人事的事情本來就

不容易處理，更何況是帶領義工團隊。曾經有信徒對法師在面對一些雜音時，未能仗義執言、現身力挺，覺得法師的領導風格太軟，慈悲有餘，威嚴不足。但經過多年之後信徒重新回想檢討，認知事情有很多的角度和看法，高度、角度不同，所見所聞風景自然迥異，處理的方式也就不同了。法師的言行舉止謙和有讓，有時候甚至會讓人忽略他的存在；在團體中他可能不是聚光燈的焦點，卻是支撐台面的骨架。

《法句經．愚人品》中有「在僧眾中，騖求虛名，居高位作住持，貪求在家信眾的供養。『在家、出家都應知，什麼大小事情，都應由我作主，順從我的意思。』這是愚人的想法，增大欲望與慢心。」待人處世當中的虛名、權力、高位、供養、名聲等，都很容易增長人們的貪心和高慢。

至於淨海法師對信徒的教導，通常不是滔滔不絕的長篇大論，或是引經據典的佛法理論。法師話不多，很短，點到為止，比較偏向以身作則，以德感化別人。信眾也異口同聲地對法師的德行和簡單話語印象深刻。

有信徒表示之所以會學佛，有部分的原因是受到淨海法師的感動。在這之前，對佛教的印象都是從書本來的，覺得很有道理，但並不入心。後來在玉佛寺有機會

接觸法師，深受他德行的感召，心生景仰，特別親近學習。這位信徒表示：剛進入職場時，常常感到不適，覺得自己在職場中做的事，和修習佛法格格不入。每次提到這個問題，回答的人總是滔滔不絕地說了一大套佛理，但似乎是隔靴搔癢，感覺沒有幫助。有一次這位信徒坐在玉佛寺廊道的板凳，淨海法師剛好走過，輕聲地問候，信徒即如洩洪般地把煩惱全都倒出來。法師坐下來靜靜地聽完這位信徒訴說，因工作如何繁雜，而沒有時間修學佛法後，法師慢慢地、靜靜地告訴他：「我覺得您很用功，天天都在修習正命。」然後他笑笑地跟信徒說「加油」。就這樣，沒有什麼長篇大道理，但卻讓信徒受用無窮。

也有信徒因家中瑣事，如夫妻爭吵等一類煩惱向法師訴苦，法師在聽完冗長的牢騷抱怨後，輕聲地告訴該信徒說：「不要太認真。」確實，相逢自是有緣，父母子女、兄弟姊妹，能成為一家人，是有很深的緣分的，是值得感恩珍惜的，生活中的小摩擦，真的不要太認真。

還有信徒自己覺得靜坐和禪修狀況不錯，可以久坐。但是卻發生身體氣動現象，手會不停抖動，連拿咖啡，倒水都會抖動，不知如何處理。請教淨海法師，法師回答：「一切皆妄念，抖動也是妄念，『知而不隨』。」信徒本來以為「知而不

隨」只是針對心裡的妄念而已，透過法師解釋，才知針對身心現象都可以應用。信徒依教奉行，實行「知而不隨」，一個星期之後，手就不抖了。

法師領眾的方式則是隨順授權，給予在那個位置任事的人完全支持，很少以自己的想法強介過問。曾經擔任過德州佛教會總幹事的資深會員，形容他和法師每次討論到工作如何進行，法師總會說：「你自己就看著辦！」而他則以「深信因果」答覆，彼此心照不宣地互相信任。法師用人充分授權和給予信任後，通常會退居到「盡力做到就可以了」的平常心狀態，也因此而減低增長煩惱的機會。

畢竟寺務弘法人多事雜，沒有哪一種領導方式，是可以令所有的人全然滿意的。當然也沒有哪一種人格特質，會得到所有人的認同。法師的平淡而不攀緣，謙和而不爭鋒，隨順而不堅持的領眾風格，自然無法取得每個人的認同或欣賞。即使對於這些不同意的看法，法師還是保持一貫的退讓謙和。法師說：「很多事情不能在乎，在乎則問題多。」

十四、謹行儉用成立報恩基金會

有人問淨海法師：「你怎樣處理自己的錢財？」法師回答說：「處理錢財，得來要正當，用去也要合理。我對錢財的觀念，不貪求所得，有了不吝嗇，也不浪費。我覺得錢得來很不容易，要珍惜和善於利用。我出家已經八十多年，現在年齡近九十歲了，小時候和少青年時期，生活非常清苦艱難。到接近三十歲時，我去到泰國留學研究南傳佛教，得到一些華僑佛教徒的護持供養，我除了正常之用外，就開始積蓄，所以我後來轉學到日本立正大學讀書三年，完全是用以前的積蓄。當積蓄快用完了，無人再支持我，不能再繼續學業，就有道友推薦我到美國弘法。」

法師分享他的理財方式：「我在德州佛教會弘法四十多年，關於我個人的財務所得，約有近百萬美元，來源可分為四個方面：1.信徒直接供養的：不管多少，都是隨緣而來，絕不強求，絕不向人化緣，不裝窮叫苦。2.個人辛苦得來的：佛教會規定，常住僧眾不做經懺佛事，但有宗教義務回饋信眾及社會，逢到華人喜慶祝福，或人死助念喪葬等，受到邀請，都安排時間，前往主持儀式，但念誦時間不

長，完全是盡義務，不談報酬。如有供養常住或個人，不論多少，就讓大家種福田；若沒有供養，認為是出家人應盡的義務，也不介意，都是隨緣。這是我們德州佛教會永久保持的態度。還有我個人出外遠近各地弘法，主持法會，也受到供養。如遇到經費不豐足的道場或佛社，我就不接受供養，連機票也自己購買。3. 從單金、養老金得來：德州佛教會常住僧眾，每個月都有單金及醫藥保險；我因為每年依法向國家報稅，到滿六十五歲以後，美國政府也付給我微少的養老金。4. 從公債、共同基金、銀行存款利息得來：有信徒熱心幫我處理財務，建議我合法購買國家公債、市場共同基金、銀行存款生息，所獲得的利潤。以上四種財務來源，如以五分法分之，第一項私人收到供養，約占五分之二，其他三項，約各占五分之一。」

偶爾也聽到淨海法師自己說：「我不想做錢財的奴隸，錢財是身外之物，當用則用，合理的用，用在有意義之處，所以我不會浪費錢財，能省則省。譬如我以前常常坐長途飛機到國外弘法，都是選擇坐普通艙，極少購買豪華艙（有時里程足夠了可以優待升等），一趟可以節省兩、三千美元，這些錢可以用在其他有益的地方。心中總是想到，錢財得來不容易。」

「因此，我的錢財，都是從慢慢積蓄而來，過去二、三十年，多數捐獻給德州佛教會和我個人成立的報恩基金會，已用去約五十萬。現在還存餘四十多萬，我年老了，在世不久，所以我現在計畫加多基金會的存款，希望能加速用去，用不完的，將來歸佛教會處理。」

「想起我過去親近的慈航老法師，在南洋新、馬、緬弘法，積極創辦教育、文化、慈善等事業，在臺灣開辦佛學院，救護僧寶，培養僧青年，凡有信徒供養他的錢財，都是左手進，右手出，或與學僧們共同分享，身邊從不儲蓄錢財。到圓寂時，身邊不存一分錢，他老人家這種精神，是很好的榜樣，我做不到，而心仰望之。」

李玉玲居士是淨海法師到德州後，最早接觸的居士之一，處理法師個人財務和醫藥顧問已經將近四十年。她說法師剛到德州時，身上只帶了大約數千美元。當時法師的資源很少，自己也不是一個長袖善舞的人，又不喜歡麻煩別人，凡事勞心勞力，所以非常辛苦。

李玉玲居士在過去四十年來幫助法師處理財務的經驗中，從內心讚歎長老是真正的修行人，在財務處理上面清淨真是非常難得。多年前，嚴居士夫婦在中國開

辦了「福慧基金會」，積極在中國資助許多佛教義學。當法師得知許多僧伽衣物單薄，自己在美國也用信徒給的供養金建立了一個「報恩基金會」，由此去協助「福慧基金會」，帶領資助中國四座尼眾佛學院。一些美國華人信眾得知，就把捐款金交給法師，希望能一起響應善舉。每次法師收到捐款，都會細心地記錄。交給李玉玲居士時也是再三地說明，避免和自己的供養金混亂。其實，如果法師把捐款和自己的供養金混亂了，也不會有人過問或察覺，但法師能秉承戒行和原則卻是非常難得。其實法師平時不浪費，他的供養金多用於護持德州佛教會和年輕的僧眾。尤其在護持年輕僧眾上，無論在精神上還是在資助上，都不遺餘力，更是常常雪中送炭。而且默默地在做，不多宣揚。

二〇〇一年時，法師在休士頓創立道場弘法已經二十多年，也常到外地或國外弘法，在各地所受到的供養，已積蓄到一筆存款。法師請律師立好遺囑，如患病或意外死亡，所有財物都將歸屬德州佛教會常住所有，不至於身後落入不正之處，或無形中就消失不見了。法師的私蓄雖然不多，但想到有錢也要會善於利用，用在有益的地方，所以法師個人成立了一個「報恩基金會」，而且是附在德州佛教會名義之下。這個基金會不向外募化，錢用完為止，現在已滿二十年了。近年來，長老又

再加多基金，計畫調整擴大資助範圍，法師說雖然個人經濟面臨進少出多，但仍將繼續開辦下去，直至用完為止。

成立「報恩基金會」宗旨有四：1.感報三寶恩：法師一生在佛教中出家，雖然環境艱辛苦難很多，但深受三寶的恩德，應當圖報。2.紀念恩師灼然上人：當法師少年出家在失落時，師父慈悲收他為徒，引導法師走向了正路，成為人生一個重要的轉捩點。3.紀念慈航老法師：法師青年時盲目地到了臺灣，在人生最困難徬徨的時候，得以親近慈航老人，依止修學，當然也包括其他對法師有恩的人。4.專項資助佛教教育培養人才，希望弘揚佛法後繼有人。

法師說德州佛教會有一個良好的制度，財務處組織非常健全，常住僧眾，從來都不直接管錢，手不接觸公款，但有管理監督審查權。每筆公款支出，都要經會長、副會長二人簽名核准，或另一位常務理事代簽。而僧眾在寺裡或在外面受到的信眾供養，是屬於個人的。因為公款和私存嚴格分開，所以僧眾個人不會有太多的錢。如此，僧眾私存不管多少，就決不會有人懷疑他們是從公款貪汙得來的。因為淨海法師個人的基金會錢不太多，所以也未做太多的宣傳，甚至許多信眾多年來都不知道有這個基金會的存在。

十五、資助後進，領航弘化

印順導師在〈福嚴閒話〉提到：「福嚴精舍修建起來，我從來沒有把它看成是我自己的。」至於慧日講堂的建設，印順導師《平凡的一生》裡則說：「我沒有口才，缺乏振奮人心的鼓動力，對於宗教宣傳來說，我是並不理想的。……不如創一講堂，以講經弘法為目的，看看是否可以維持下去。」

法師和導師所見略同，深感佛教弘法人才不易栽培，尤其在美國或世界各地弘揚佛法，除了佛理通達，人品正直，修行體會之外，熟悉外國語文和口才便捷也是很重要的工具。法師認為自己口才不好，鄉音重，只會中文，在美國弘法上是個不足。看到年輕法師們的學識、才華、說法條件比他好，他總是很樂意幫助他們。

法師熱心真誠地護教護僧，在過去的三十多年中，將他一生絕大部分的積蓄，都用來資助遍及美國、中國和東南亞的年輕法師。有的認識、有的不熟，達二、三十位之多。雖然他曾資助過的法師，超過一半都已經還俗，但法師卻不計較結果，持續資助年輕僧人未曾間斷。

法師長期關心美國佛教的發展，也知道在美國弘法非常不容易，所以當他聽到年輕有為的法師到美國弘法，甚至想在美國扎根久住，法師都很樂意護持，提攜後進。長老不但分享自己過去的經驗，也願意把自己的積蓄拿出來傾囊相助。

洞見大陸叢林家廟，陋弊舊習的制度，仁俊法師曾說「創廟不難住廟難」，因為「出家人只要存著要廟子的心，住持佛法的心冷漠的很。……處處就要為自己留餘地，留退步，家族式的傳承是這樣產生的。中國佛教一半衰困在這上面。」

根據于凌波居士在《美加華人社會佛教發展史》所記載：「德州自開闢以來，從不曾有過佛教，也不曾有過華人所稱的法師。一九七一年中國佛教會理事長白聖法師，共組訪問團主要目的是到紐約，不過在九月十七日蒞臨休士頓參觀一天，應該是最早到休士頓的中國僧侶。……休士頓市之有中國法師常住當地弘法，淨海法師是第一人。」

五十年前的美南休士頓，本是華人佛法的蠻荒未化之地，幸獲淨海法師慈悲到此開墾，經嚴寬祜居士聯繫，和永惺法師合作首創「德州佛教會」，開啟美南漢傳佛教的新頁，也可以說是美南華人佛教的拓荒者，當時在休士頓信仰佛教的華人，可說絕大多數都是「德州佛教會」的虔誠信徒。但是，長老從來沒有想把華人佛教

信眾與資源據為己有，或是想把「德州佛教會」建設成休士頓唯一獨大的華人佛教團體。

由於聚集定居休士頓的華人人口愈來愈多，臺灣各大佛教團體漸漸對這個地方感到興趣，紛紛來此創立分會，廣招會員。第二個來到休士頓的華人佛教團體是慈濟功德會。當時慈濟在休士頓的創辦人，最初也是德州佛教會的會員。慈濟開辦之初，法師不但樂見其成，甚至常常出現慈濟的活動場合，以行動予以大力支持。

後來，佛光山也計畫在休士頓創辦寺院。當時德州佛教會的一批信眾會友，人人穿上佛光山的背心，在玉佛寺隆重舉辦歡迎會，迎接星雲法師一行人的蒞臨。面對信徒們不盡合宜的安排，淨海法師還是表現很大方，臉上掛著微笑，向前歡迎星雲法師的來到。

上世紀九三年後，臺灣著名的幾個佛教團體在休士頓百花齊放，幾乎都設有分會，而弘法先驅「德州佛教會」本就是學尚自由的十方道場，不但和華人佛教的各宗各派相處融洽，也廣邀南傳、藏傳、漢傳和不同國籍的法師蒞寺弘法，並且講經說法歷經數十年從未間斷。

十六、北美佛教的回顧與展望

北美地區的佛教，在一八九三年，由日本禪師釋宗演與斯里蘭卡的達摩波羅，在芝加哥的世界宗教議會上，成功地將佛教介紹給西方世界。巴利文學者亨利．克拉克．華倫（Henry Clarke Warren）和梵文教授查爾斯．羅克韋爾．朗曼（Charles Rockwell Lanman），於一八九一年創辦的《哈佛東方叢書》（*The Harvard Oriental Series*），為美國在佛學領域的領導地位打下了基礎。另外，保羅．卡羅斯（Paul Carus）在芝加哥的公開議庭出版社，出版佛教刊物及著作，對佛教的傳播發揮很大的作用。到了一九六〇年前後，由於鈴木大拙的著作和教學，將禪學介紹給美國社會；以及一些曾前往亞洲學佛的美國人，將佛教信仰帶回美國，成立道場；加上一九六五年以後，美國移民政策開放，大量的亞洲移民及難民，將漢傳佛教、南傳佛教帶到美洲大陸；藏傳佛教由於西藏的政治因素，隨著西藏難民也介紹給美國大眾。二十世紀的美國佛教，因此開展出多彩多姿的型態。

目前美國的佛教，有漢傳佛教、南傳佛教、藏傳佛教，也有某種形式的美國

佛教。有人形容美國佛教發展到今天，就像是「世界博覽會」一樣。前三種佛教是東方亞洲傳統的佛教，在近一、兩百年，先後傳入西方歐美各國，並列被看成是一種世界性宗教。佛教能引導西方人士學佛，形勢雖已逐漸擴展開來，但美國本土化佛教基礎還不夠深厚，尚未轉型完成。又在東方亞洲三大佛教系統傳播中，漢傳佛教遠不及南傳佛教和藏傳佛教的努力，其主要原因是華人佛教徒不能衝破語言的障礙，以及師資培養的缺乏。

淨海法師從傳統漢傳佛教和傳統南傳佛教中走過來，經歷過叢林制度、經懺佛事、僧學教育；體驗過托缽乞食、結夏安居、念處禪修，豐富的參學經歷加上宏觀的視野，讓他的思想開明，更能接受新的觀念。他覺得佛教四眾弟子——比丘眾、比丘尼眾、男眾居士、女眾居士，未來如能平衡地發展，當然最好。如因緣不具足，時代思潮變遷太快太大，特別是在西方歐美國家，也只能順勢而為，運用智慧力求適應。

「不忍眾生苦，不忍聖教衰」，淨海法師認為，今後佛教的發展，應注重：教理研究、禪修實踐、積極參與、宗教對話四方面。這是全球化時代佛教發展的四大指標和趨勢。「教理研究」：是對經論教理的了解，培養正知正見，辯證是非邪

正，認清方向，如實了知宇宙人生的真理。「禪修實踐」：是佛教徒修行的基礎，禪修能幫助人們消除許多雜念，讓心情保持安定，訓練耐心與專注力，讓思慮更清楚，減輕生活壓力，精神放鬆。這二者就是古德所說定慧均等，行解相應，將理論與實踐相結合。

「積極參與」：做個現代佛教徒，要有積極的精神，方便善巧弘法利生，淨化人心，服務人群社會，促進和諧。「宗教對話」：今日人類的世界領域擴大了，有不同族群，不同文化背景，不同的宗教信仰，為了減少矛盾和糾紛，要放開心胸和眼界，尤其在西方弘法，要多互相溝通和交流，促進了解與和諧。這二者是促使實現人間佛教理想，謀求人類最大的幸福。

淨海法師認為，佛教四眾弟子，如具備上列四種條件或認知，不管是哪一眾，都可以住持佛法。也就是說將來佛教的趨勢，萬一僧尼減少了，或無僧尼存在的地方，只要有正信的男眾居士或女眾居士存在，也可以維持佛法的存在。這有歷史可以證明，原始佛教以比丘住持為主，到大乘佛教發展起來，以在家居士為主流，如維摩詰居士和勝鬘夫人，都善說法要。近一、兩百年，佛教傳入歐美，起先也大多數是學者和在家居士起領導的作用。當然我們也不可否認，僧尼住持佛法，可保持

千年以上寺院的傳承，而居士成立的佛教社團，因為為了職業、家庭等關係，可能變化比較大，難於保持久遠，但亦有其優勢，可以參加政治活動及增加為佛教的發言權。

伍

退而不休

——老年退休時期

（二〇一一—二〇二〇）

一、安然面對身體病痛

美國休士頓的居住環境寬廣舒適，占地一點九五英畝的佛光寺，戶外的大片草坪及花草樹木，需要定期的修剪，以維護庭園景觀。早期，因為寺院經濟不寬裕，所以淨海法師事事親力親為。當時，院子裡有四棵高大的老楊樹，長得歪歪斜斜，因為根部有部分腐爛生洞，所以枝葉凋落零亂，有礙觀瞻。淨海法師為了省錢，決定自己處理，靠著一把長柄大斧頭，經過一、兩個星期努力，砍除了三棵老楊樹。最後一棵，因非常靠近新建佛殿，唯恐砍斷的樹幹倒下來，會壓壞佛殿後面的瓦片或牆壁，所以淨海法師就爬到樹上，先修剪高處的樹枝。沒想到，從樹上下來時，因梯子沒有架穩，就從梯子上倒栽下來，結果摔斷了左手腕骨，當時已近傍晚，後經打電話聯絡信徒，將淨海法師送到醫院急診處，清洗消毒，塗藥包紮，並用支架固定，再回寺休息。這是一九八二年九月四日的事。

次日，正逢星期日共修法會，淨海法師記得，那時幻生法師正在佛光寺短暫作客，淨海法師邀請他代當維那，帶領信眾共修。可是幻生法師覺得自己喉嚨不好，

一九八二年淨海法師左手腕摔斷

沒有把握，不能舉腔；又怕信徒在唱念中容易走調，自己聲音小，拉不回來，非常尷尬。於是淨海法師只好帶傷上場當維那，最後再恭請幻生法師開示佛法。道場早期人手不足，即使受傷，也不得休息。

一九九九年在玉佛寺，淨海法師主持法會時，發現不能久跪，也不能久站。有幾次主法時，還因雙腿無力，跌坐在佛殿大理石的講台上。之後，經醫生檢查，發現是腰椎骨刺壓迫到坐骨神經，引起下肢支撐無力，甚至引發疼痛。醫生當時給淨海法師幾項選擇，或是開刀治療、或是吃藥復健、或是做水中運動如游泳。醫生並鄭重地告訴淨海

法師，如果沒有處理，日後可能就需要坐輪椅了。一向不喜歡麻煩別人的淨海法師，聽到可能會要坐輪椅，生活起居將需勞人照顧，即刻託信徒幫忙找尋有游泳池的健身房，開始去游水。定期游水一段時間後，發現坐骨神經被壓迫的情況得到減緩，雙腿也比較有力了。從那時開始，二十年來，淨海法師很有毅力地維持每週游泳運動兩、三次的好習慣，只因為不想有一天坐輪椅及要麻煩別人。

二〇一三年秋，淨海法師從休士頓帶著幾位信徒，欲做臺、港及東南亞之遊。不料，到了臺北當晚，半夜時，淨海法師忽然覺得腹部右上方痙攣疼痛，痛苦不堪，但淨海法師體諒深夜大家在休息，所以雖然絞痛難忍，他還時熬到天亮才告知信徒。信徒隨即將淨海法師送往臺北慈濟醫院。檢查後，發現是膽管結石，須立刻住院開刀。因為當時沒有病房，只能在病房外的走道上臨時加床位休息，長老不忍心讓居士們在一旁守候，很慈悲地請大家回家休息。隨行的居士後來回憶說，當時已知道需要開刀，但連病房都還沒有著落，長老竟然叫他們回家。即使在病痛中，長老仍然不喜歡麻煩別人。

長老在慈濟醫院的醫療並不順利，由於病患太多，需要按病人登記順序，不能立刻為長老安排開刀，醫院為了減輕病人的痛苦，只有施打抗生素和餵服止痛藥，

拖延了一星期多，才得以手術切除膽囊。治療期間，淨海法師得到臺灣幾位熱心的信徒照顧，尤其有一位張麗霞居士，與十多年前在德州佛教會出家的修德法師。

二〇一七年正月初旬，淨海法師在休士頓駕車外出，在市區公路的高架橋上，遭遇到一場車禍，左線一輛汽車忽然變換車道，撞上淨海法師轎車的左側，將淨海法師的車衝撞到右邊的水泥牆。一時間，車子引擎也熄火了，車內安全氣囊也彈出爆開了，淨海法師在駕駛座上被衝撞得昏頭轉向。當時如果不是水泥圍欄的阻擋，法師便會衝出高架橋，掉落到下方的高速環道，後果將不堪設想。幾分鐘後，交通警察趕到處理，肇事的是一對華人夫婦，由太太開車，肇事後嚇得一直哭泣。淨海法師稍自鎮靜後，自行從車中慢慢爬出。警察立刻用救護車將淨海法師送到醫院急診室，幸好經過檢查後，發現只是胸腔下部肌肉受到挫傷，醫生開了止痛藥，即讓法師回佛寺休息。

淨海法師敘述：「回到佛寺，經過數小時後，胸腔下部挫傷的肌肉發生極劇烈的疼痛，身體無法躺下，只能彎曲腰部坐在沙發上，如想伸直腰背，或站起來和行走，腰部都要保持二、三十度的彎曲，避免拉伸受傷的肌肉造成更多的疼痛。而更加難受的，是因為傷處持續隱隱作痛，日夜都無法入眠。經過二十一天後，才稍減

輕，漸漸好起來。幸三寶加被，上天佑我，身體手腳沒有受傷殘廢，腦部也沒有受到震盪。」

車禍後，將近一個月的失眠與疼痛，淨海法師只是靜靜地休養。偶爾在寺裡遇到信徒義工，淨海法師仍是慈祥地問候關心大家。許多人從淨海法師的外表，都看不出他正忍受著巨大的疼痛。再次看到淨海法師內心的平靜與修行的工夫。

二〇一八年，可能長期的坐骨神經被壓迫及身體老化，從四月至十月，淨海法師的坐骨神經痛時常發作，右腿漸感無力，行走時，需要借助拐杖支持。到了十一月，淨海法師的坐骨神經突然產生劇痛，他說，右腿每動一下，都如箭穿心，人如癱瘓一樣，難以受忍。淨海法師在一次隨緣開示中說，四大假合的色身，老、病、死是不能避免的，他自己身體的老化現象更明顯了，玉佛寺觀音殿周圍短短的廊道，他已經走不動，開始準備坐輪椅了。法師接著說：「但我並不擔心，因為知道剩餘的歲月不多，我更要繼續用功編書寫作，希望能完成。」

後來，家庭醫生建議淨海法師轉診看神經疼痛科醫生，並請淨海法師考慮接受類固醇注射法，可暫時消除劇痛，但預約的看診時間被安排在三個星期之後。在等待的三個星期中，淨海法師自己查看電腦上治療坐骨神經痛的知識，同時接受信

眾建議，試著做些復健運動。淨海法師說，雖然運動的時候，非常疼痛，但在別無他法時，只能咬著牙努力做。約十多天後，淨海法師發現坐骨神經疼痛逐漸緩解，等到約定看醫生的時間，已近痊癒，不需注射類固醇，走路也不需要用柺杖了。近來，淨海法師除了游泳，又加多幾種機械復健運動，增強肌肉筋脈的力量，對鬆弛被壓迫的神經確實很有效用。平靜地接受已發生的狀況，尋求對治的方案，持之以恆地落實，這就是淨海法師面對病痛的良方。

二〇一九年四月，淨海法師忽感眼睛有些變化不適，視力模糊、影像扭曲。最初都以為是太疲倦，休息一下就好。未料經眼科醫師檢查後，告知雙眼是得了黃斑病變，右眼是濕性，左眼是乾性。右眼濕性的需要立即用注射療法，抑制眼底的血管增生，才可能避免視力惡化與失明。經過三、四個月治療，視力停止惡化。但由於黃斑病變是一種不可逆的老化現象，所以治療保養，只能延緩惡化的速度，並不能治癒。淨海法師把握尚存的視力，借助放大鏡和放大電腦螢幕上的字體，繼續編寫書籍的工作。法師善用每一天的生命，精進用功，堪為學佛者的最佳楷模。

淨海法師多年來加入 24 Hour Fitness Club（二十四小時健身俱樂部）的會員，健身房裡，夏天有冷氣，冬天有暖氣，保持恆溫，不受氣候影響，隨時都可以前往

運動。淨海法師說，一直以來，年費都是自付，近年才知道可由自己的健保公司支付，但只限老人申請，因為他們希望鼓勵老人多運動，減少生病。

淨海法師多年的運動游泳，有時引來寺中同道或信徒笑問：「您去游泳可以看到很多美女吧？那您怎麼辦？」淨海法師也笑答：「最初醫生建議我去游泳運動，以僧人的身分去參加，的確猶豫考慮了一陣，但為了健康，還是決定去參加。前往二十四小時健身俱樂部運動的人確實很多，男女老少都有，但美國人都歡喜機械運動，很少去游泳，可能因為池水不夠清潔，美女去游泳的更少。反而亞洲東方人較多，也以中老年人為多。偶爾有些年輕女子出現，我也不以為意，她們運動她的，我運動我的，心中沒有什麼尷尬。」

二、反觀自我的人生觀

關於自我的人生觀這個問題，淨海法師回顧說：「當我青少年時，甚至到而立之年，因為幼稚、無知、懵懵懂懂、環境不好，不知出家所為何事，所以沒有明確的人生觀。僅依稀有著模糊的概念，做人要做一個好人，守法守規矩，做一天和

尚撞一天鐘吧！自小出家，幾代長輩視我太土太笨，不會討人歡喜，認為是個不可教的孩子，就像被放棄了一樣，在幾個寺院飄蕩。正當我無知墮落的時候，幸獲叔叔師父的救護，走出我童年的困苦和坎坷，引導我走上正道，能到寶華山受戒，天寧寺禪堂參禪和佛學院讀書。雖然國家仍處在戰亂中，一九四九年又跟人迷迷糊糊地到了臺灣，在艱難困苦時，而幸能親近慈航老法師受學，但僅兩、三年的時間，慈師老人就圓寂了。由於自己沒有確定人生的目標，生活有些散漫不精進，學業無成，加上健康欠佳，意志不堅，有點糊塗混日子的情況。」

淨海法師覺得在他的人生中，有三個關鍵性的重要抉擇。先是，近而立之年，警覺人生的目標方向仍未確定，長期如此下去，不是辦法，正在此時，抉擇爭取到留學泰國朱拉隆功佛教大學的機會，成為人生一個新的轉捩點；不只進入有系統的佛學教育，更進入到當時中國佛教所不熟悉的南傳佛教的領域。淨海法師的學習歷程雖受挫折，成績不理想，但並未因而退志，反而促成日後得以完成編著《南傳佛教史》的因緣。後來轉學日本，獲得碩士文憑，為淨海法師不甚平順的求學生涯，畫上完美的句點。

之後，淨海法師應邀至美國紐約弘法，初期並不順利，由於因緣不足，條件不

夠，無法獲得發展。因此，抉擇離開紐約，嘗試到外面其他地方尋求發展的機會，甚至考慮如果因緣不足，就回臺灣在佛學院教書。探索的過程中，雖經過一些挫折考驗，但淨海法師不改初衷，勇往直前，在摸索中前進。在以基督教為主流的美國弘揚佛法，展現出「遠紹如來，近光遺教」的決心，克服種種困難障礙，經過四十年的辛勤耕耘，終於在沙漠中，開闢出佛法綠洲。

最後，淨海法師在八十歲時，抉擇辭去德州佛教會會長職務，但宏意法師堅持慰留，希望淨海法師仍掛名會長頭銜，相關職務由宏意法師代理。如此，淨海法師得以將餘生的精力，更努力精進地用在修改增訂編著上。至今（二〇二〇年）出版了近十本佛學、佛教史、翻譯等論著，經過十年不斷地努力，為佛教學術做了很大的貢獻。

三、長老著作

淨海法師的寫作道路，可說是漫長而細密的。由於他的個性憨厚老實，自覺天資並非聰穎，心思又不夠靈活，於是以勤補拙，透過水滴石穿的恆心、堅持不懈的

淨海法師各種著作及翻譯書籍

毅力，綿密用功，點滴累積，終於完成了一本又一本的佛教著作，寫下他一生的著述及譯著傳奇。

二〇一〇年，淨海法師決定重新規畫生活，修改舊作，整理資料。於是開始將以往的文稿和著作進行全面的檢訂、增刪、補寫和修改，以做為最後定稿；亦將過往未完成的稿件逐一整理完成，做為一生思想的見證。

淨海法師在二〇一一年四月返回臺灣的時候，拜會了臺灣法鼓山果東方丈和尚，由果東方丈再引介法鼓文化編輯總監果賢法師，獲得親切接待，並議定了此後由法鼓文化將法師所有著作予以重新編輯設計，於「智

慧人」叢書系列出版。

在淨海法師眾多編譯作品中，其對佛教史方面的著述，可說是集他畢生精力的方向。現在將法師的一系列著作及譯著，其中選出四本比較具有代表性及影響力，做一簡介如下：

1.《佛陀畫傳》

原《佛陀畫傳》是泰國佛教青年會編繪出版，由求那波瑜多（Gunapayuta）編繪，共有二百一十八幅黑白圖畫及文字說明，文圖並茂，解說淺易，是依據南傳經典及佛傳記載，平實地敘述佛陀偉大一生的簡要傳記。讀者對象主要是全國佛教的青少年兒童。因為圖文都很淺明通俗，所以對於普通的學校、社會、家庭，是一本暢銷的圖畫書，對青少年兒童們的身心修養，益處很大，也收到宣揚佛教的廣大效果。

一九六三年夏天，星雲法師隨中華民國佛教訪問團到泰國，獲得這本畫傳，如獲珍寶似地想要打包好寄回國內。他說可以看圖猜知其意，並設法翻譯出來，為國內青少年兒童們謀造福祉。淨海法師那時已學習泰文三年多，他抽空把圖文閱讀一

遍，覺得內容的確很好，同時也覺得國內佛教的青少年兒童讀物，真的太缺少了，所以自告奮勇地來負責翻譯，星雲法師高興極了！

淨海法師譯好後，即航空寄給佛光山星雲法師，也很快分為四小冊出版了，像普通雜誌一樣大小，結果很暢銷。因為那時候臺灣還沒有相關著作權法，所以就有多處佛教道場競相影印出版，提供販賣或贈送結緣，風行了一段時日。

七〇年左右，臺灣水彩畫家李宴芳居士，看到此書後，深覺書中內容都很充實，甚富啟發，於是發心自願將此書全部二百一十八幅圖畫著為彩色，然後製成幻燈片，在臺灣各道場放映，深受信眾歡迎。

約在一九七四年，加拿大多倫多湛山精舍性空法師，認為本書可以激發青少年學佛的興趣，也可以為初級佛傳讀本，於是敦請旅居舊金山的呂繩安教授譯成英文，以便英語語系的青少年兒童閱讀。淨海法師特別安排在香港製版，精印五千冊，同時更增添附錄「印度佛教聖跡」地圖及遺跡圖片共二十幅，讓讀者認識人間的佛陀。彩色中英說明《佛陀畫傳》於一九七六年五月出版，出版之後，極受廣大華人佛教徒的喜愛，各地佛經流通處一再印刷，以普贈結緣，歷久不衰。

二〇〇六年，淨海法師想到現代人生活節奏加快，時間寶貴，很少人有耐心

去閱讀長篇的文字，因此，又將《佛陀畫傳》中文說明部分，刪減縮短約為五分之二，成為精簡本，並請馬德五長者再譯成英文，仍由臺灣佛陀教育基金會印贈結緣。

二〇〇八年，再由淨海法師籌畫將精簡本全書製成DVD，可在電腦上播放。二〇一五年初，印度 Hrishkesh Sharan 居士聯繫淨海法師，告知他已根據英文《佛陀畫傳》，將之翻譯成印地語，並請淨海法師寫一篇短序。後知印地語的《佛陀畫傳》，也由臺灣佛陀教育基金會印贈，寄去印度。二〇一九年，更將精簡本《佛陀畫傳》，放在德州佛教會網路上（http://www.jadebuddha.org/zh/佛陀畫傳/）供人閱讀，以增進對佛陀的了解。另外陳保茂居士創立的〈佛典妙供〉（www.sutrapearls.org）網站，已將《佛陀畫傳》（精簡本）轉成影音播放及電子書，亦可提供免費閱覽。

2.《南傳佛教史》

在淨海法師芸芸著作之中，影響佛教界最大，分量最重的，當屬《南傳佛教史》一書。

編寫《南傳佛教史》，是淨海法師長久的心願，一方面在六〇年代，南傳諸國的佛教資訊非常不足，導致中國佛教徒對南傳佛教情況嚴重誤解，甚至貶低其地位，認為不值得去探究。淨海法師因六〇年隻身前往泰國留學九年，留學期間，法師除了忙於讀書做學問外，更留心蒐集東南亞各國佛教資料，又將信施者供養的生活費節省下來，購置了大量有價值的參考書籍，包括佛教經律論三藏、佛教語文、藝術、歷史、文學等，特別是南傳佛教各類文獻，並且依據資料寫成文章。淨海法師斷斷續續地撰寫了南傳諸國的佛教歷史，包括斯里蘭卡、緬甸、泰國、柬埔寨、寮國等國家的佛教歷史發展面貌，整理成專題文稿。最初淨海法師將文稿連載刊登於臺灣各佛教雜誌及佛學專欄中，後來經過仔細修訂，再加上〈南傳佛教巴利文獻簡介〉及〈南傳佛教大事年表〉兩篇附錄專文，終於編寫成《南傳佛教史》一書，於一九七五年三月在臺灣慧日講堂出版。

本書之出版，誠為漢傳佛教界的一大事。這是因為由於歷史的原因，佛教於漢朝傳入中國時，是大、小乘佛教經典一起傳來的，中國人自始即選擇了以大乘佛教做為信仰研究的對象，對原始佛教以至部派佛教的典籍存而不學，且貶為小乘佛教，評價不高。直至民初太虛大師周遊南傳佛教諸國，回到中國後，呼籲國人研究

南傳佛教，甚至派遣學生前往斯里蘭卡等國留學，南傳佛教才開始為人所認識。但因時局動盪、資訊缺乏，對這方面深入探討者，多年以來仍寥寥可數，淨海法師這部《南傳佛教史》的出版，確實填補了我國在這方面資料的空白，實在令人讚歎。

《南傳佛教史》在臺灣出版後，臺灣和大陸佛教界多所佛學院訂為課本，或佛教史參考書。大陸往派斯里蘭卡的留學僧，都希望能找到臺灣出版的《南傳佛教史》，以做隨時參考了解斯國佛教之用。越南佛教也將此書譯成越文，在佛學院做為課本。

在本書出版二十多年後，一九九九年夏，中國社會科學院魏德東博士來美國進行學術交流，建議在中國大陸出版流通。以此因緣，淨海法師對全書再做簡單地修改及增訂，加多一篇較長的〈緒論〉，由北京宗教文化出版社於二〇〇二年二月出版簡體字本。

到二〇一〇年，淨海法師覺得本書初版之後，幾十年來，東南亞諸國又發生了許多佛教事件，應該編寫入於此書中，所以又將此書做了一次詳細地整理和修改，並附加〈中國雲南上座部佛教史〉一篇，附篇中再加上〈南傳佛教部派略表〉一文。書前配上南傳佛教勝跡圖集、各國彩色地圖及內頁插圖，在書後加上中文索引

與外文專有名詞中譯對照表，方便讀者查閱。終於在二〇一四年十二月重新由法鼓文化予以編輯印刷發行。這最新的修訂版本，距離初版前後達四十年，從多次修訂中，可以看到法師做學問的細緻綿密工夫，和對處理資料的慎重態度，足令本書成為一本真正具有研究參考價值的南傳佛教史鉅著。

3.《西方各國佛教略史》

編寫出版這部《西方各國佛教略史》，可說是淨海法師幾十年來積壓在心頭的願望。原來早在六〇年代初，法師在泰國留學讀書時，便與臺灣聖嚴法師常常互相通信，討論法義，交流訊息。年輕人充滿壯志理想，於是倡議大家合作共同編寫一系列約百萬字的《世界佛教通史》。計畫分上、中、下三冊裝訂。上冊包括印度、西藏、日本佛教史，下冊則包括西域、中國、韓國佛教史，這兩部分議定由聖嚴法師負責，而中冊則是東南亞各國佛教，包括斯里蘭卡、緬甸、泰國、柬埔寨、寮國等，以及西方各國佛教部分，則由淨海法師負責。在當時資料缺乏的年代，除了斯里蘭卡佛教歷史較為完備外，其他地方都沒有較完整的佛教發展紀錄，至於佛教傳入西方各國的情況，資料和信息更是貧乏，幾乎近於沒有。不過淨海法師一向是抱

著「知難而進」和「逆流而上」的勇氣，只管盡力去做。

經過多年的各自努力，聖嚴法師的《世界佛教通史》上冊首先編寫完成，於一九六九年九月出版；淨海法師的《南傳佛教史》亦於一九七五年初出版發行了。但有關西方佛教史的部分，法師除編寫了〈英國佛教史〉和〈德國佛教史〉初稿，並在佛教雜誌刊登之後，其餘部分，由於資料缺乏，就沒有再繼續編寫下去，一直被擱置下來。

之後淨海法師前往美國南部開荒弘法，創立德州佛教會，三十年間發展成為美南第一大佛教會之後，逐漸將對外工作擔子放下了。從二〇一〇年開始，法師陸續將以往的文稿和著作進行整理、增刪、補寫和修訂。到了二〇一二年，法師對〈英國佛教史〉和〈德國佛教史〉進行了修改和增補，跟著試編〈美國佛教史〉，在翻查參考書資料及網路上有關資訊時，發覺現時的資訊的確發達了，很多參考資料被發掘出來，於是他很快便寫成〈美國佛教史〉、〈法國佛教史〉、〈義大利佛教略史〉、〈俄羅斯佛教略史〉等。北美洲除了美國佛教史外，還有〈加拿大佛教略史〉、〈墨西哥佛教略史〉，南美洲有〈巴西佛教史〉、〈阿根廷佛教略史〉等，大洋洲有〈澳大利亞佛教史〉、〈紐西蘭佛教略史〉。再者，非洲亦有佛教傳入的

資料。因此法師依次序、地區、資料的多寡，將西方各國佛教史逐次集成初稿的框架。全書分為六篇：

第一篇　歐　洲　共二十國的佛教傳播略史
第二篇　北美洲　共三國的佛教略史
第三篇　中美洲　共五國的佛教概況
第四篇　南美洲　共九國的佛教略史及概況
第五篇　大洋洲　共二國的佛教略史
第六篇　非　洲　共十餘國的佛教概況

在這個涵蓋著五十餘國家或地區的佛教略史的初稿框架上，為了使書中的資料廣泛遍及中外學者研究成果，法師邀請德州佛教會裡多位優秀的會友，幫忙參考外文資料，共同參與本書的編著，補充本書的不足和糾正內容資料錯誤之處。更得馬來西亞明惟法師來美弘法而暫住於佛教會之便，加入編輯團隊，將英文資料對照查證及對全書做詳細校訂，使全書的資料達致正確和統一。法師在眾多會友法友的協助下，終於完成本書的編寫工作。

法師雖然謙稱他不是佛教史專家學者，也不是研究佛教歷史專業人士，但在

會眾一心、眾志成城、共同協力之下，終於完成了這部有關西方各國佛教略史的著作。在分工合作的過程中，本書的編撰乃經歷五個階段：第一階段是完成初稿的框架。第二、三階段是分工處理各國佛教略史的增編與修改。最後兩個階段便是將全書做統一的整理。經過嚴謹而認真的編纂工作，最後成就了這本厚達八百多頁的鉅著，圓滿了多年的心願及最初對聖嚴法師的承諾。這部《西方各國佛教略史》終於二〇一七年底出版。可惜，聖嚴法師已於八年前圓寂了，看不到此書的集成。幸而聖嚴法師的弟子非常歡喜淨海法師的著作能於法鼓文化編輯出版，以此完成其師與淨海法師的共同願望。

4. 其他六冊書籍簡介

(1)《佛教史叢談散集》

本書收錄了七篇文章，是淨海法師有關印度佛教聖地及東南亞佛教歷史的著述。法師早年在六、七〇年代編寫《南傳佛教史》的過程中，利用旁及的資料，曾經撰寫了〈印度佛教四大聖地〉、〈印尼古代佛教史考〉、〈馬來西亞早期佛教略史〉三文。加上近年研究南傳上座部佛教文化的熱潮逐漸擴展，法師亦寫了三篇專

題研究文章：〈雲南上座部佛教傳入略考〉、〈南傳上座部佛教的互相依存關係〉和〈東南亞古代孟族人對南傳佛教先驅的貢獻〉，提出他個人獨特的看法。最後一篇是法師早年讀了前泰國皇冕佛教大學陳明德教授所著，以泰文介紹泰國佛教概況的〈泰國佛教史〉之後，覺得它簡明精要，信而有據，於是把它試譯為中文，曾刊登於《海潮音》雜誌。

(2)《唯識第一課——大乘廣五蘊論略解》

本書是淨海法師在二〇〇五年德州佛教書院開的課程，由法師為同學講解《大乘廣五蘊論》。本論最初由世親論師所著，名為《大乘五蘊論》，後來其弟子安慧論師將此論予以註釋擴充，成為《大乘廣五蘊論》。開課之初，可供參考書籍不多，後幸得會友王偉頤居士送來幾本專門註釋此論的參考書籍，遂編成為這部《唯識第一課——大乘廣五蘊論略解》。

法師在本書的序言中，詳細說明世親論師這部《大乘五蘊論》與其另一部《百法明門論》的分別，並以古德所說《大乘五蘊論》是「粗釋體義」，《百法明門論》是「略陳名數」，因此法師認為本書以五蘊為中心思想連貫教義，是更能探求和了知佛法的源流，而且其中名相都有論文做精確解說，讀起來更饒有趣味了。法

師又將全書論文仔細分為四部分：最初「本論」引用世親論師的論文原文；其次的「釋論」則引用安慧論師的註釋，分別列出來讓讀者能分辨二者內容的不同；第三部分「今譯」則是將本論和釋論予以白話文語譯；最後的「略解」則是依論文內容和意義，做一綜合性簡要的解釋和分析。這樣，對初學者來說，本書真正可以做到學習唯識學的入門課本了。

(3)《真理的語言——法句經》

淨海法師在新版序言說，南傳《法句經》是一本樸質、說理平易的偈頌集，策勵學眾精進向道，有如面臨佛陀親切的教誨一樣，富有極強的感化力，深具修行價值。學人平時若能多加讀誦受持，一定得益匪淺，可說是一部進德修身的寶典，修學道上的指南。

一九七二年初，法師應妙峰學長之邀前往美國紐約弘法，並在唐人街的「中華佛教會」協助法務，利用空餘時間，根據以往對《法句經》的研究，開始試著翻譯南傳巴利語《法句經》，並參考了中、英、泰、日文的翻譯版本，以白話文譯出經文，書名為《真理的語言——法句經》。

(4)《覺海觀覽》

本書是德州佛教會慶祝成立二十週年紀念，將創會二十年來淨海法師為轄下的定期刊物《佛光法苑》雜誌撰寫的文章和一些演講紀錄，予以結集整理成書。全書分為三部，第一部是〈佛出人間〉，收錄了二十二篇佛學雜文及演講開示紀錄；第二部是〈阿含意趣〉，是法師以《雜阿含經》內容為信眾講說阿含大意的講課錄文；第三部為〈影塵往事〉，收錄有六篇文章，是法師對一些深刻往事的回憶錄。相對於淨海法師其他著作而言，這書可說是最寫意而沒有學術味道的結集文錄了。

(5)《佛國留學紀實》

自從淨海法師於一九六〇年啟程前往泰國修學南傳佛法，一去將近九年。留學期間，法師一直寫作不斷，將個人親身經歷的事情，撰錄為文章，或以日記方式，分別發表於當時臺灣各佛教雜誌，以令國人多些了解泰國佛教情況。所寫內容只是所見所聞、所思所想的零碎事件，將當時泰國的宗教活動情況做如實報導，成為珍貴的歷史文獻。尤其是法師並非只挑選正面事件，有些佛教負面新聞也成為法師筆下內容，令我們得悉當時異地佛教較為真實的一面。法師在書中表示，負面題材可以令佛教界引以為戒，革除流弊，使僧團回復清淨。直至晚年，法師在整理早

年文稿時，找出這批雜文日記，經會友們的鼓勵推動下，集成這些短文，重新編排出版，名之為《佛國留學紀實》，內容分為上集〈留學生活的見聞〉及下集〈佛國日記〉。

(6)《雲水十方——淨海法師佛教文集》

淨海法師把過去多年的一些舊作收集起來，再經過幾次整理和修改，編輯成書出版，供作弘法結緣之用，訂名為《雲水十方——淨海法師佛教文集》，依內容性質分為：第一篇「佛學篇」、第二篇「修行篇」、第三篇「道誼篇」、第四篇「雜文篇」、第五篇「初級佛學課程」。雖然分為五篇，也不是很嚴格的，沒有系統性和嚴密組織，但都是有關佛法和佛教的。

第一篇「佛學篇」：可說是研究佛法之學，常指側重於思想體系、源流、發展的論述。佛陀說法四十五年，主要開示為四聖諦、十二因緣、三法印、五蘊、十二處、十八界等。此外，也包括後世弟子、高僧大德、歷代學者的佛法論理著作。

第二篇「修行篇」：涵蓋佛法種種修行實踐，可總括成戒、定、慧三學，詳細分為三十七道品，做為佛弟子日常修行的依據。修是熏修或學習；行是奉行、實踐，即對於佛法的教理不斷地熏修學習，信受奉行。此外在《雜阿含．道品誦》

中，還說到安般念、四不壞淨等。大乘佛教的修行，更要廣行六度和四攝法等。

第三篇「道誼篇」：道誼，是指道情法誼，僧人清淨的情誼。佛陀成正覺後，遊化人間，說法濟世度人，充分表現慈悲的情懷。出家人行菩薩道，應以「出世的精神，作入世事業」。淨海法師自幼出家，都在較大或很大的僧團中生活，很少離群獨居。在僧團中，上有長老上座，中有同參道友，下有青少年學僧，以及僧人與信眾之間的關係。

第四篇「雜文篇」：雜文可說是一些無系統的文章集合在一起，敘述都為瑣碎之事。不過雜文也指：篇幅短小，內容多樣，筆調活潑，詞句雋永，指為精美的小品或散文。淨海法師自稱文化修養水準不高，沒有這個天分，只是隨緣寫的一些雜錄，但都是與佛教有關的。

第五篇「初級佛學課程」：這是淨海法師於二〇〇二年春為本會德州佛教書院初級佛學班編寫的一本小冊子，介紹基本的佛法，共有十二課。

二〇一八年春，淨海法師正式自德州佛教會完全退休，法師自己雖覺年齡衰老，身體不很健康，但腦筋還勉強可用，並不想過怡然悠閒的生活。因此，再鼓起勇氣來，繼續編寫〈印尼近代佛教史〉和〈馬來西亞近代佛教史〉。另外，又加寫

了〈新加坡佛教史〉和〈菲律賓佛教史〉兩篇。這樣可將四國合加起來成為一本《印尼、馬來西亞、新加坡、菲律賓佛教史》，希望在兩、三年內能完成增訂和修改出版。

四、人生最後的遺言

淨海法師對自己的事情，總是安排得有條不紊。包括自己老後的種種，都預立了遺囑。二〇一五年時，請律師已先寫了一份英文遺囑的主旨，二〇一八年，再追加新的一份中文遺囑。

原有英文遺囑（中譯摘要）

遺囑

1. 所有醫療費、葬儀費、遺產稅及所有其他政府的課稅等均由遺產代理人處理。

2. 地產的讓與：所有的不動產贈與德州佛教會。

3.我的遺囑代理人依次為：宏意法師、修慧法師、李玉玲居士。

4.代理人的權職：

(1)全權處理所有我遺留的不動產。

(2)全權處理所有的欠款或稅收。

(3)代表我向公司或個人交涉。

(4)為了確保不動產，需要時可向個人或銀行等借款處理。

(5)代理人不收任何報酬。

02/Oct/2015 簽字

14/Aug/2019 中譯

對醫師與家屬或代理人的指示

1.假使依據我的醫師判斷，我處於末期疾病，縱使給予延長生命的醫治，預計只有六個月的生命時，我要求除了讓我能平靜安詳離去的醫療之外，停止一切其他治療。

2.假使依據我的醫師判斷，我將無法照顧自己，無能力為自己做決定，且要靠

維持生活的醫療存活時，我要求停止所有治療，只給予讓我平靜安詳逝去的醫藥。

02/Oct/2015 簽字

14/Aug/2019 中譯

遺囑追加的部分

1.以前請郭陽明律師於二〇一五年十月二日所立的英文遺囑，為一份主要的遺囑，繼續有效。

2.我已年老矣，如得重病及無法治癒之症，即不需要再做急救治療、插管、戴氧氣罩等，讓病患者自然而終。

3.臨命終時，請保持肅靜，請輕放「南無本師釋迦牟尼佛」聖號即可，不需要集眾助念。

4.臨終後，請盡速移遺體至殯儀館，不做助念、不發訃文、不做追思、不做傳供等儀式，盡速火化，用紙棺即可。

5.火化後，請勿篩檢遺骨，散骨請灑在菩提中心僻處野樹林中，復歸塵土，身非己有，死後何惜？

〔註〕我的遺囑執行人：宏意法師（新加）、修慧法師、李玉玲居士。

淨海親立（二〇一八年十月一日）

淨海法師說：「我老了，離生命落幕不遠，究竟還有多久，我不知道。我一生沒有什麼遺憾，好的和不好的都過去了，不抱有可惜和遺憾，希望平安無事就好。」

從小到老，即使現在九十高齡，長老的任何大小雜事還是親自處理，沒有隨身侍者招呼，不太歡喜多麻煩別人，依然每天過著平淡安靜的生活。

淨海法師說：「我年老退休後，因為不領眾了，我自己安排生活，作息起了一些變化，比較習慣遲睡而又早起，晚上十二點或更晚才睡覺，早晨四點即又起身。利用晚上至深夜一段較安靜沉寂的時間，及精神較佳時，可寫作和編書。我一日三餐，仍依時間至齋堂與大家進食。三餐後常感腦筋昏沉，乾脆上床小睡一下，然後就看看書或報刊。」

淨海法師八十七歲時，仍參加居士的背包客自由行，前往祕魯探險。十天的行程中，法師的飲食起居，上山下海都不需要特別服侍，自己把自己照顧得很好。法

師對所有新鮮的事情，都充滿好奇，不同的文化與不同的飲食，他都用赤子之心去品味。

二〇一八年二月，長老八十八歲，正式宣布辭去德州佛教會所有職務。當年，德州佛教會於三月十六至十八日，舉行「傳授在家菩薩戒」法會紀念，到有美加及港臺等地男女信眾九十位參加受菩薩戒，借此殊勝因緣，特別慶祝淨海法師八十八歲壽辰，並接受榮譽職位為德州佛教會「傳燈長老」。所謂傳燈者，指佛法要展轉相傳，猶如燈火相續而不滅之意。

二〇一八年之後，淨海法師腿部漸感急速衰退，身體時常發生疼痛的狀況。面對自己坐骨神經痛，疼痛難忍，淨海法師關心的仍是：「玉佛寺下一代的年輕人不多，無以為繼，接不上棒。」對於生、老、病、死，長老還是隨順的態度完全接受，「身體雖然老化了，但我不擔心，我這幾年反而更加用功，努力做我可以做的事。」

淨海法師很早的時候就已經立下中、英文遺囑，面對生命過程中無可改變的年齡老邁和身體衰敗，法師還是展現如細水長流般的柔韌毅力，「不能控制的，就隨它吧！」

「人生到處知何似，恰似飛鴻踏雪泥；泥上偶然留指爪，鴻飛那復計東西。」走過近一世紀的歲月，淨海法師未改他老老實實的僧人本色。不論是漂泊困頓，或是安定舒適，法師老實堅定地秉持弘揚佛陀正法的理念，默默地耕耘，或是陞座講法，或是撰寫著述，總是直直向前，不曾停息。四十年前，淨海法師在美國的孤星州（德州）上，點燃佛陀的智慧之光，如今已然佛光普照，法水遍灑，長出滿園的菩提幼苗！

編後語

王欣欣

二〇一八年夏，遠在紐約的楊士慕師兄和在舊金山的陳湘蕙師姊，發起為淨海長老編著傳記出版，以為長老九十嵩壽賀禮的構思。稟報長老後，處事一向低調的長老先是推辭，但熬不過兩位德州佛教會早期會友的懇求，終於慈悲應允。

是年秋天，初步策畫進行方式後，楊士慕師兄趁著大學執教工作的空檔，特別於十月十日飛抵休士頓，展開對長老的訪談工作。主修心理學的楊士慕師兄，事先設計了幾個緊扣生命的議題，探究長老的人格特質與人生智慧。猶記得當時，長老正為坐骨神經疼痛所苦，健康狀況不太好，但長老仍全力配合，完成四天馬不停蹄的採訪錄音。之後，我們將錄音資料依年代分為五個時期，交由修慧法師、香港明珠佛學社社長劉錦華、楊士慕、陳湘蕙及我分頭整理成文字。

由於發心整理訪談錄音的大家，人人手邊都還有日常其他的工作，所以進展緩慢。直到隔年二月底，終於有些文字資料集成，加上長老提供他自己記錄的「小史」，整本傳記的大綱總算稍具雛形。經與臺灣法鼓文化出版社聯繫後，得到出版

社總監果賢法師的支持，慈悲應允將出版淨海長老傳記。

六月時，總匯收集的採訪文稿，搭配長老提供的資料，應該是開始編撰整本傳記的時刻。詎料，原先幫忙整理文字的團隊成員，個個表示工作忙碌，不克擔任編寫全書主筆的任務。結果，最後的工作就落到我這不會說「不」的人身上。其實，我那時手邊也有著德州佛教會期刊和四十週年紀念特刊的編輯工作在進行。未料，六月下旬，突然接獲臺灣電話，告知家母身體不適，送院就醫。我隨即買了當晚的機票返臺，但仍舊遲了一步，抵臺時，疼愛我的母親已經安詳辭世。

七月下旬返美後，將對媽媽的思念，化為編撰工作的力量，因為媽媽一直是護持我在佛門做義工的最大推手。只是，因為自己的一支拙筆，加上其他雜事干擾，整本傳記的編寫工作，猶如老牛拖車、龜速前進。經過半年多的努力，如今終將付梓，感謝過程中編輯團隊的共同努力，所有德州佛教會會友大眾的支持，還有法隆法師幫忙最後修訂，以及一直默默護持著我的家人。

我是九〇年代，淨海長老在休士頓播種灌溉的菩提幼苗之一。長老的言教身教，滋潤了我的法身慧命。這是來美國留學讀書的意外收穫，比獲得世間的學位更寶貴，讓我一生受用不盡。師恩難報，僅以最虔誠恭敬的心，編撰記錄長老一

生——看似平淡，卻在平淡中完成不平凡任務的軌跡。以此獻禮，恭祝長老法體康泰、法輪常轉！

（美國德州糖城，二〇二〇年二月二十日）

附錄

一、緣分不可思議

釋宏意

在六十餘年的歲月中，有四十個春秋能夠親近淨海長老，我覺得這是我的福氣，也是我與長老的一種特殊緣分。這個緣，不但讓我們相遇相識，同時也讓我們互助互補，共同為德州佛教會弘法利生的事業而努力。

由於個性好靜怕煩，我是一個沒有事業心的人，從來沒有想過要建立道場做當家住持。十七歲時，立志要用白話文翻譯佛經，正因為要譯經，所以才決定來美國學習英文，並計畫兩、三年後，就回臺灣。沒想到一九八〇年來到休士頓後，打亂了原有的計畫，竟在德州停留了四十個年頭。剛到德州時，當初有很多理由，不想留在佛光寺，但有一個理由無法克服，那就是自己十八歲時所發的心願——要照顧有病的出家人，不能棄病比丘而去。因此，如果當初不是淨海長老病重無人照顧，我是不會留在德州的。完全沒有想到，因這個願而開了這個緣。

在佛光寺住了一段時間後，漸漸地開始對淨海長老有些認識。他老性格樸實，言談簡單，勤於寫作，熱心弘法。我們雖然年齡有差距，但在不斷地互相合作中，

也愈來愈了解彼此共事的方法。

由於自己對道場的人事、行政、活動本來就沒有興趣，因此一九九〇年玉佛寺落成後，等一切人事上了軌道，一九九四年春，我就向佛教會請了一年長假靜修。其實當時就是想借此安排，淡出佛教會，急流勇退，辭去一切職務，恢復自由之身。沒想到在靜修期間，一日淨師專程來訪，與我談了一些佛教會的人事狀況後，我又於心不忍，無法斷然放下。我想這就是我們的緣分，宿世有因、今世有緣，要想分開，似乎不是那麼容易。

淨海長老有見解、有個性，我自己也有想法、有脾氣，但在幾十年的相處中，我們從來沒有吵過架、翻過臉。我想基本上，都是長老對我的厚愛和寬容。佛在《三慧經》中說，要認識人，有四種因緣：「一者、與共居；二者、共居當久；三者、當共語言；四者、共事。」四十年來，我們都是一直在這四種因緣中，不斷地相互了解，相互關心，相互支持。俗語說：人與人間，相見容易同住難；同住容易共事難。我們能共處共事數十年而不變，而且緣分愈來愈深，我想其中有幾個簡單的因素：1. 一切以法為依歸，理念相同；2. 有事直接溝通，不作任何猜疑；3. 處事公私分明，不存任何私心。

百丈禪師在叢林要則二十條中說，「山門以耆舊為莊嚴」。淨海長老是德州佛教會的開創者，也是我們永遠的精神導師。祝願長老法體康泰，福壽無量！

（德州佛教會，二〇二〇年一月五日）

二、北美漢傳佛教一位無爭文僧——淨海長老

釋繼如

我是一九九二年經美國佛教會的邀請來美，並參加了菩提弘法活動而定居美國的新一代僧人。我和淨海長老的認識，可以從紐約美國佛教會邀請法師們巡迴美國各地弘法活動說起，由此因緣我來到了德州佛教會。德州佛教會的護法居士——嚴寬祜和我都是竺摩長老的弟子，因而加深了我對玉佛寺的親切感，加上我會說廣東話和普通話，與德州特別有緣。之後，玉佛寺經常邀請我到德州弘法。

在這段期間之前，即一九九〇年六月，聖路易斯（St. Louis）有一班知識青年虔誠居士來休士頓參加德州佛教會玉佛寺落成典禮慶祝。典禮完成後，他們特別邀請淨海長老去聖路易斯弘法，共同計畫發起成立「聖路易斯佛學社」，並祈求長老擔任社長，領導大家修學佛法。到一九九二年，我也有因緣在該地弘法，甚得大家聞法歡喜。到了一九九五年，當地居士希望可以尋找土地建立一座永久道場。但淨海長老事務繁忙，故建議居士們邀請我前往發心主持。這時我已卸下紐約大覺寺的

職務後，往中國廈門大學中醫學院裡中醫內科實習完畢返美，所以答應前往聖路易斯幫助草創佛寺。初創「美中佛教會」，會長是淨海長老，而實際上住在該地區弘法利生的是三位年輕法師——繼如法師、繼嚴法師和仁寛法師。

我和淨海長老往來相處二十多年來，發現長老有很獨特的人格魅力：為人行事低調；謙和熱心助人；隱惡揚善，談吐溫文儒雅；有個乾淨的面目。即使自己受了委屈，也不會輕易掛在嘴臉上，極似中國古代的夫子，現代具良知的知識分子。

我想在長老進入佛門的那個時代，中國正經歷八年抗戰及國共內戰期間，中國佛教在亞洲崩離破碎的苦難情況特別嚴重。當時僧尼們遠赴海外的更是居住簡陋、資源缺乏，最嚴重的是教育的根無處著力。許多人出家入道，也不一定專注佛法上，如同說書者言：十方諸賢海會雲來集，校量真英雄時先看本事。亂世浮生中皆為英雄豪傑所主導，佛教內的僧尼們也得拿出渾身解數才能扎根一方。據我多年以來對漢傳佛教在北美的了解，處於困境中的法師們之間的相處也並非十分融洽，甚至有同行如敵國的競爭態勢，每位僧人的故事都可以寫出一本書。唉！許多佛教前輩們為了在西方社會生存和經濟人脈，心理壓力和人性的扭曲也都存在如一般民眾一樣（早年離開中國大陸的佛教僧尼生活艱鉅，自然而然地各自保護自己的資源和

圈定範圍經營）。另外，有些長輩對晚輩也不一定會照顧，反而有的還刻薄對待後輩或同事，如同商業的主顧關係之間的「取其所長，為我所用」的占便宜心態，很少有慷慨大方、利和同均的。當然，也有一類大和尚與長老尼們尊崇佛教智慧和慈悲的胸懷，廣結善緣發揮紹隆佛種的正能量。

我在美國所認識的淨海長老是一個文人，保持著文人的風骨。即使在貧困的年代，行無居所或患病潦倒，他也不會汙法羞僧，依舊保持著文人所具備傳道、授業、解惑的清流形象，始終沒有忘記自己是一個有信仰、辦教育的人。他信心堅定卻不標榜自己是個大修行人，或是凸顯自己的修行，抬高自己、攝眾取寵。像他那樣具有才氣又不縱橫而樸質平實，平易中具親和力而人緣極佳是非常稀有的。另外，他是位健穩的秀才，在他老人家近年來所出版的著作中，就看到他的勤奮專注，一心為佛教謀幸福的卓越精神。在關注南傳佛教史和西方佛教現代傳播的寫作中，他是個難得的知識分子。

長老也是一位無爭的行者。無爭，表現在事業把控權、經濟的擴張力、法義或意見之爭上，他始終拿捏得當，極具運籌帷幄的師爺個性。二十餘年來，我從旁觀察捉摸他領導佛教與處事待人的行事風格，發現他講經說法有自己的抉擇見解，

主持道場有道風學風的崇尚，擔當行政管理統籌協調能力也不錯。總之，有主見堅持己見，而為了大局著想能夠抉擇妥協、隱忍，有權有勢而不受其害，得到利養而盡施所有，他是這樣平穩地站在三寶的立場，忙著自己的專長，一步步、一段段地把自己的人緣、法緣、財源集會起來，把佛教事業建立起來。即使他如今很少在第一線佛教行政工作，但那裡只要他在，整個團體就會以他的道風為向心力，求同存異，各自貢獻所長。

另外，長老是一位很愛護後輩的長者，尤其對年輕的出家眾。無論對方有沒有才華，只要有因緣，他都會主動招呼，主動幫助，並提供機會讓年輕人展現才華。他也會以身作則，以品德示人。我知道他本身很淡泊，卻把佛教教育視為志業，一輩子都沒離開過這個志業。當美中佛教會才剛起步時，我到玉佛寺，淨海長老就拉著我的手走到講台上，登高一呼，請大家支持幫助這位年輕法師，在當地亞洲佛教徒稀少的中部牧牛！我深深地感覺到，我在美國這麼多地方行走，這樣的際遇還是特別的個案。我和其他寺院互動是有，但各自有各自的堂口，各自道場都要各自努力，不會熱忱到這種程度，把我的事兒當成他自己的事做。即使二十多年過去了，長老對佛教教育和晚輩的支持還是始終如一。前些時候，我告知長老美中佛教會將

和斯里蘭卡的大學合作，開辦課程，培養能適應現代美國本土化新一代的弘法人才。長老聽後的第一句話就是「我支持你！」，並主動提供資助。

我認為，長老到了晚年，努力地把他一生所收集的資料寫成佛教史，是給年輕人很好的借鏡。這些著作應該多介紹給華文讀者們多閱讀。依據老法師們的經驗為基礎，來反思目前的移民佛教應該如何面對未來。佛教傳入美國這麼多年來，卻始終缺少組織的完整性，在弘法上也缺少高遠的使命和前瞻規畫。許多法師來美國之前都沒有準備好或接受過出海作業訓練，大多為響應一時號召，或心血來潮而來到這個國家。佛教向來比較注重培養「德」，卻忽略培養「能」。光有好品德而不具進入主流社會的技能，幸運之神不會從天而降。所以，我覺悟到新時代的佛教青年應該具備四種能力，即國際能力、現代能力、專業能力和本土能力。在培養這些能力時，要先放下即得到的利益，並從佛教生存的未來去著手規畫，人才才是發展的硬道理，人的腦袋比口袋、米袋更重要。有這麼想，佛教才能跨過自己族群堆的圍困，做到落地生根。美國之所以強大原因很多，其中重視教育和職業能力、跟上時代腳步極重要，故步自封的態度預見將要面臨凋零和生存危機的。

最後我想說的心裡話：我視淨海長老為活榜樣，督促我勇敢地走向陌生的未

來，健步前進伴著雲海弄潮。

（美中佛教會，二〇一九年八月十日）

三、一位潛行密用的行道者

劉錦華

最初認識淨海法師，是在上世紀八〇年代初，從閱讀《南傳佛教史》開始的。那時剛開始學習佛法，假日總喜歡前往書局尋覓佛教典籍。偶然從書架上發現這本《南傳佛教史》時，好像是看到一幅嶄新的佛教世界地圖一樣，喜不自勝。當時南傳佛教尚未傳入本地，我們也從未聽聞或閱讀過有關南傳佛教的任何訊息。因此，趕快把它請回家裡，細細閱讀，除了對東南亞各國佛教歷史開始認識之餘，也從書中序文認識了淨海法師，知道他是早年獨自前往泰國修學，然後轉向日本研讀佛學，最後寄居美國的一位佛門大德。

隨著學習時光流轉，陸續在本地佛經流通處讀到法師翻譯的《真理的語言——法句經》和圖畫版的《佛陀畫傳》。老實說，在學佛初期對南傳佛教的知識，幾乎全部都是從法師這幾部書中獲得的。

大概是九〇年代，隨著法友王偉頤移居美國休士頓市，參加玉佛寺活動後，知悉淨海法師與永惺法師、嚴寬祜、崔常敏夫婦及宏意法師等一眾大德，在休士頓市

創立了德州佛教會及玉佛寺，在彼邦開啟了現代化的傳道模式，不分宗派種族，推行多元式的弘法活動，短時間內成效超著，並成為美南第一佛教道場。到了二〇〇二年，因緣成熟下，受他們所邀，來到玉佛寺，與眾多法友同結法緣，也正式拜會淨海法師。

初次謁見法師時，給我的印象是純樸憨直、態度和藹、安靜無為、默然護心，讓我心裡浮現起〈大勢至菩薩念佛圓通章〉的兩句話：「都攝六根，淨念相繼。」法師處事從容，話語不多，但談話間往往一語中的，從日常行為中透出修道人智慧。他對後學愛護有加，在知悉我沒有帶隨身電腦來美，便立即把他的私人隨身電腦借給我使用，讓我得以在留美期間，在寮房內處理上課講義。其對後學愛護之情，令我感動不已。

此後陸續幾次前往美國講課，都向法師拜謁請益。法師前往東南亞和中國弘法時，路經此地，亦有多次會面。每次見面時間雖然不長，或帶法師同往書店請購參考書籍，或與一眾喝茶聊天，法師一如既往，沉默寡言，從容不迫，在在顯示出語默動靜體安然的道人風範。

法師著作之中，不少都是以淺易文字來演說佛法，為初學者提供佛學入門的

基礎典籍。另外，有關佛教史方面的著作，卻是介紹不同國家的佛教發展史，其中極有啟發性，對有心研習各國佛教史的學者，甚有引導作用，令初學者可以很容易掌握不同國家的佛教傳入及發展情況。將來在這個基礎下，繼續研究，當可登堂入奧、振翅高飛。近年雖然不少佛門學者著作論文，義理高深，內容閃耀亮麗，讓人讚歎佛學昌盛繁榮，其實基本知識對學習至為重要，而能數十年如一日，默默地為初學者打穩根基的，法師自是其中之一。

觀乎法師的行止威儀，乃是潛行密用、如愚如魯之正道行者，令人有極欲親近之意；捧讀法師的洋洋著作，平實中又蘊含著豐富資料，可作教科指引。法師就像族群中之智慧長老一般，處事觀察入微，行事充滿睿智，每令眾人敬服。

日前接獲王欣欣師姊告知，法師傳記即將脫稿付梓，她囑咐我寫點對法師的印象，自當遵從，勉力而為。期望法師的傳記可以鼓勵更多學佛人，踏踏實實走好每一步，建立起厚實的基礎，將來自會穩步踏上學佛大道。誠如近代高僧太虛大師所說的「仰止唯佛陀，完就在人格」，正是我們學佛精神所在，也是法師傳記的現實寫照，而「人圓佛即成，是名真現實」，相信是未來修道的目標吧。

（香港明珠佛學社，二〇二〇年二月）

四、淨海長老簡略年表

公元	歲數	主要事件	地點
一九三一	1	淨海法師出生。	江蘇泰縣
一九三九	9	出家做沙彌，法名「慧開」。	
一九四二	12	常住隆覺寺。	江蘇儀徵縣
一九四六	16	禮資福寺灼然上人為師，法名「淨海」，字號「一清」。 赴寶華山隆昌寺受戒。	江蘇儀徵縣 南京
一九四八	18	考進天寧寺佛學院讀書。	常州
一九四九	19	從軍赴臺。 投靠慈航法師於月眉山靈泉寺佛學院。 開辦了八個月的「臺灣佛學院」結束。 靈隱寺佛學院開學上課。	臺南 基隆 中壢 新竹

		僧難事件開始。	新竹
		靈隱寺佛學院停辦。	新竹
		常住無上法師住持的靈隱寺。	新竹
一九五一	21	就讀大醒法師主持的「臺灣佛教講習會」。	新竹靈隱寺
一九五二	22	離開靈隱寺前往彌勒內院再度親近慈航老法師。	汐止
		慈航老法師在關房中腦溢血而圓寂。	汐止
一九六〇	30	赴泰留學。	泰國曼谷
一九六一	31	受南傳比丘戒，法名「蘇陀遮羅」（Sudhacaro），意譯為「淨行」。	泰國曼谷大舍利寺
一九六二	32	就讀泰文佛學院及朱拉隆功佛教大學。	泰國曼谷大舍利寺
一九六四	34	中譯泰文《佛陀畫傳》出版。	佛光山出版
一九六九	39	就讀立正大學。	日本東京
一九七一	41	以《法句經の研究》論文獲立正大學碩士	日本東京

	41	考入立正大學博士班攻讀。學位。	日本東京
一九七二・〇二	42	應妙峰法師邀請至美國紐約中華佛教會弘法。	美國紐約
一九七二秋	42	常住美國佛教會大覺寺。	美國紐約
一九七五・〇二	45	與法雲法師合作成立報恩寺。	美國紐約
一九七五・〇三	45	《南傳佛教史》和《真理的語言——法句經》兩本著作出版。	慧日講堂出版
一九七六	46	《佛陀畫傳》改為彩色繪圖中英文版。	財團法人佛陀教育基金會出版
一九七七春	47	退出報恩寺。	美國紐約
一九七八・十一	48	成立佛光寺。	美國德州休士頓
一九七九・〇五	49	組織「德州佛教會」（Texas Buddhist Association）。	美國德州休士頓
一九八〇春	50	佛光寺新建大殿完工，淨海法師病倒。	美國德州休士頓

一九八〇・〇六	50	印海法師、真華長老及浩霖法師攜宏意法師至佛光寺探病。	美國德州休士頓
一九八〇・〇八	50	淨海法師飛往臺灣中國醫藥學院附設醫院醫治肺疾。	臺中
一九八〇・〇九	50	長老在了中法師的精舍養病約半年。	北投
一九八〇年底 一九八一年初	50-51	隨了中法師前往印度朝禮佛教聖地。	印度
一九八五春	55	首次返江蘇探親，並朝禮名山。	江蘇
一九八七	57	獲布宜諾斯艾利斯柏格諾大學（Universidad De Belgrano）頒贈榮譽博士學位。	阿根廷
一九八七	57	承臺北華嚴蓮社成一法師的邀請，擔任華嚴蓮社第五任住持。	臺北
一九九〇・〇六	60	德州佛教會第二座道場玉佛寺落成開光。	美國德州休士頓
二〇〇九	79	德州佛教會第三座道場美洲菩提中心落成開光。	美國德州華樂郡

二〇一二・〇五	82	《唯識第一課——大乘廣五蘊論略解》出版。	法鼓文化出版
二〇一二・十	82	《真理的語言——法句經》出版。	法鼓文化出版
二〇一四・十二	84	《南傳佛教史》出版。	法鼓文化出版
二〇一五・〇七	85	《佛國留學紀實》出版。	法鼓文化出版
二〇一六・十二	86	《佛教史叢談散集》出版。	法鼓文化出版
二〇一七・十二	87	《西方各國佛教略史》出版。	法鼓文化出版
二〇一八・〇二	88	辭去德州佛教會所有職務，接受榮譽職位為德州佛教會「傳燈長老」。	美國德州休士頓
二〇一九・〇七	89	《雲水十方——淨海法師佛教文集》出版。	法鼓文化出版

智慧人 37

老老實實的僧人本色——淨海長老傳記

A True Buddhist Monk:
Biography of Elder Venerable Jan Hai

編著者	淨海長老傳記編輯小組
出版	法鼓文化
總監	釋果賢
總編輯	陳重光
編輯	李金瑛
封面設計	林秦華
內頁美編	小工
地址	臺北市北投區公館路186號5樓
電話	(02)2893-4646
傳真	(02)2896-0731
網址	http://www.ddc.com.tw
E-mail	market@ddc.com.tw
讀者服務專線	(02)2896-1600
初版一刷	2020年10月
建議售價	新臺幣300元
郵撥帳號	50013371
戶名	財團法人法鼓山文教基金會—法鼓文化
北美經銷處	紐約東初禪寺 Chan Meditation Center (New York, USA) Tel: (718)592-6593 Fax: (718)592-0717

法鼓文化

國家圖書館出版品預行編目資料

老老實實的僧人本色：淨海長老傳記 / 淨海長老傳記編輯小組編著. -- 初版. -- 臺北市：法鼓文化, 2020.10
面；公分
ISBN 978-957-598-864-7（平裝）

1.釋淨海 2.佛教傳記

229.63　　109012466

老老實實的僧人本色

淨海長老傳記

淨海長老傳記編輯小組——編著